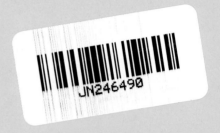

はじめての
糖質オフスイーツ

著 ともだ かずこ

監修 アキバ水野クリニック院長
水野 雅登

管理栄養士
原 小枝

法 研

はじめに

太るから……
虫歯になるから……
大好きなスイーツをあきらめていませんか？

以前の私は体型や体調不良を気にしながら、糖質中心の食生活を送っていました。糖質オフを開始したところ、毎日おなかいっぱい食べているのに、みるみる体型はスリムになり、お肌はツヤツヤに！ でもやっぱりおいしいスイーツを食べたくて、糖質オフスイーツを手作りしていました。

最初は、わが子においしいと言ってもらいたい、できるかぎり低糖質で作りたい、と自身と家族のためにレシピを追究していきました。そのうちに、私のスイーツは、食事で血糖コントロールを実践されている方たちから支持されるようになり、医療関係者の間でも話題となっていきました。

そんな特別なスイーツを、たくさんの人に手軽に楽しんでもらえるように、
そして「食」を見直すきっかけにしてもらいたいと願い、この本を作りました。

「糖質オフは楽しくおいしく続けられる！」そんな私の思いが伝わりますように。

糖質オフスイーツ・家庭料理研究家
ともだ かずこ

Whisk.

目　次

Part 4 ティータイムのおとも ……………… 100

この本のレシピが

かんたん！ おいしい！ 太らない！

そのワケをお伝えします

糖質オフスイーツが かんたんに作れるのはなぜ？

忙しい人や、スイーツをはじめて作る人にも短時間で手軽に作ってもらえるようにレシピを考案しました。

《材料はなるべくシンプルに》

材料をできるだけ統一し、使用する種類を減らしました。

《工程は短く、わかりやすく》

はじめての人でも気軽に作れるように、工程は短く簡単にしました。

《１つのレシピをマスターすればバリエーション豊富に》

アレンジ次第でいろんなテイストが楽しめるレシピをたくさんご用意しました。

糖質オフスイーツなのに 本当においしい理由は？

一般的なスイーツは、砂糖や小麦粉をたっぷり使用しており、多くの糖質を含んでいます。この本ではそれらを一切使用せずに、お子さんから大人まで満足のいくおいしさを実現しています。

スイーツの甘みを出すために、この本では砂糖の代わりに「ラカントＳ（顆粒・液状）」を使用しています。ラカントは、羅漢果（ラカンカ）というウリ科の果実から抽出したエキスと、甘味成分エリスリトールから作られる、自然派甘味料です。エリスリトールは、糖質量が多いものの血液中で代謝されずに 90％以上が体外へ排出され、血糖値への影響が最小限に抑えられます。

また、焼き菓子やケーキなどには、小麦粉の代わりに、アーモンドを粉末状にしたアーモンドプードルを使用しました。糖質を大幅にカットできるうえに、香ばしい木の実の風味がおいしさを後押ししています。

糖質オフスイーツは どうして太らないの？

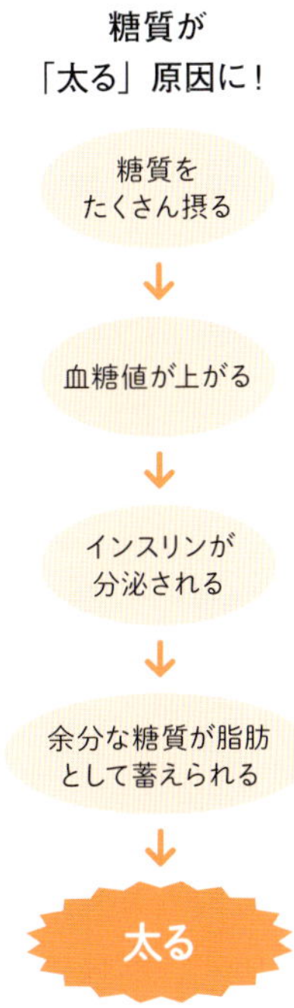
糖質が
「太る」原因に！
糖質を
たくさん摂る
血糖値が上がる
インスリンが
分泌される
余分な糖質が脂肪
として蓄えられる
太る

糖質を摂ると、体内でブドウ糖に変わり、血液に運ばれて血液中のブドウ糖の量が増え、血糖値が上がります。すると、血糖値を下げるために膵臓《すいぞう》からインスリンというホルモンが分泌され、肝臓や筋肉にブドウ糖をとりこみ、エネルギーにかえます。ところが、血液中のブドウ糖が多すぎると、インスリンは処理しきれない残りの糖を、中性脂肪としてため込む働きもしてしまうのです。食事や間食で糖質を多く摂る食生活を続けると、中性脂肪はどんどん蓄えられていきます。これが太る原因です。

この本のレシピは、できるだけ糖質をオフすることで、血糖値が上がりにくくなっています。そのため、インスリンの分泌が抑えられ、余分な糖質が中性脂肪として蓄積されないので、「スイーツなのに太らない！」を可能にしています。

この本では ケトン比 を全レシピに掲載しています

糖質をオフすることで、もうひとつ嬉しい働きが起こります。私たちはふだん、糖質を身体活動のエネルギー源としていますが、食事から摂る糖質が不足すると、肝臓で中性脂肪が分解され、エネルギーとして使われるようになります。これが「ケトン体」です。ケトン体をメインエネルギーとして使えるようになると、どんどん脂肪が分解（代謝）されるので、さらにやせやすい体質へ変化します。

ある食品を食べることで、いかに効率的に体内でケトン体を作り出せるかを表す指標のひとつが、ケトン比です。ケトン比が高い食品ほど体内でケトン体を発生しやすく、その結果、脂肪を燃焼しやすくなります。この本ではケトン比を以下の計算式で算出しています。

$$\frac{\text{脂質}\times 0.9+\text{たんぱく質}\times 0.46}{\text{糖質}^{*}+\text{脂質}\times 0.1+\text{たんぱく質}\times 0.58}$$

＊英語圏では、糖質を表す単語がないことから、ケトン比の算出に炭水化物が採用されています。しかし、本来ケトン体に影響するのは、炭水化物から食物繊維を除いた「糖質」であるため、この本では糖質量を用いて算出しています。

糖質オフのメリットや食事法、ケトン体については、119 ～ 129 ページで詳しく紹介しています！

基本の材料

糖質オフスイーツを作るうえで、基本となる材料をご紹介します。掲載している写真は、著者おすすめの商品の一例です。

ラカントS

この本では、8ページでもご紹介したように、甘みをつけるために着色料無添加の自然派甘味料「ラカントS」を使用しています。糖質量は多いものの血中で代謝されず90%以上が排出され、血糖値への影響が最小限に抑えられます。
（ラカントS顆粒／サラヤ）

液状ラカント

ラカントSの液状タイプ。液状なので、冷たい料理でも溶け残りの心配がありません。再結晶化しないため、冷たいスイーツなどに使用しています。
（ラカントS液状／サラヤ）

ココナッツファイン

ココナッツの果肉を粉末にして乾燥させたもの。焼き菓子にプラスすることで、独特の食感や香りを楽しむことができます。
（デシケイテッドココナッツ［ファイン］／ココウェル）

アーモンドミルク

ビタミンEがたっぷり。でも、糖質量は牛乳の約1/10と低糖質。砂糖不使用のものを選びましょう。
（濃いアーモンドミルクまろやかプレーン／筑波乳業）

ココナッツミルク

ココナッツの果肉から搾り出したミルク。漂白剤・乳化剤・酸化防止剤などの添加物が入っていないものを選びましょう。
（ココナツミルク／ユウキ食品）

ココナッツオイル

オイルなのに酸化しにくいのが特徴。抗酸化作用や免疫力アップ効果のあるラウリン酸、エネルギーとして燃焼しやすい中鎖脂肪酸を豊富に含みます。
（左：エキストラバージンココナッツオイル／ココウェル、右：ココナッツオイル／アビオス）

アーモンドプードル

アーモンドを粉末状にしたもので、アーモンドパウダーともいいます。皮なしタイプはなめらかに仕上がるのでおすすめ。少量パックのものは、スーパーの製菓コーナーなどでも購入できます。
（左：アーモンドパウダーゴールド／デルタインターナショナル、右：生アーモンドプードル／私の台所）

抹茶パウダー

砂糖やミルクなどが入っていないタイプを選びましょう。「抹茶オレ粉末」などのミックスされているものは糖質が高いので注意。
（抹茶パウダー／私の台所）

ココアパウダー

「純ココア」「ピュアココア」など、砂糖やミルクが入っていないタイプを使いましょう。（バンホーテン ピュアココア／片岡物産）

ゼラチン

粉末タイプが便利。コラーゲンも豊富です。
（クックゼラチン／森永製菓）

オオバコ

オオバコは、昔から漢方としても使用される多年草の一種です。その種皮を砕いたものが「オオバコダイエット」です。糖質0gなのに、水分を含むと数十倍に膨れる植物性食物繊維を含んでおり、満腹感もたっぷり。
（オオバコダイエット／井藤漢方製薬）

生クリーム

植物性脂肪ではなく、動物性脂肪100%のものを選びましょう。乳脂肪分の高いものだと泡立てやすく、コクがでて深い味わいになります。乳脂肪分40%前後が理想です。商品によって風味に違いがあるので、甘味料の使用量を調整してみてください。
（フレッシュクリーム 45%／中沢乳業）

無塩バター

生乳100%の食塩不使用タイプのものを使いましょう。
（よつ葉バター食塩不使用／よつ葉乳業）

クリームチーズ

乳製品の中でチーズは糖質量が比較的低い食材。特に、クリームチーズは冷たいお菓子、焼き菓子のどちらにも使えて便利です。
（フィラデルフィアクリームチーズ／森永乳業）

ヨーグルト

砂糖やフルーツなどの入っていないプレーンタイプを選びましょう。
（小岩井 生乳［なまにゅう］100%ヨーグルト／小岩井乳業）

基本の道具

この本で使っている道具類をご紹介します。
掲載している写真は、著者おすすめの商品の一例です。

マフィン型（9号カップ6個）

シリコン樹脂加工やフッ素樹脂加工のものがおすすめです。マフィン型がない場合は、厚手の紙型マフィンカップで代用できます。
（KaiHouse SELECT　マフィン型　DL6173
270 × 180 × 33㎜／貝印）

紙カップ（紙製耐熱カップ）

マフィンなどの紙製耐熱焼き型。マフィン型などにセットして使用します。色や模様がついているものもあり、飾りつけを考えながら選びましょう。
（耐熱レンジケース9号／ヒロカ産業）

パウンドケーキ型

パウンドケーキなどに使える焼き型で、この本ではガトーショコラやカステラにも使用しています。用途に合わせてサイズを選びましょう。
（KaiHouse SELECT スリムパウンド型・中
DL6155　215 × 87 × 60㎜／貝印）

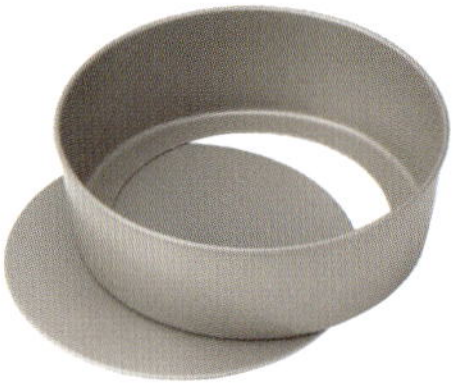

ホールケーキ型

スポンジケーキなどに使える焼き型です。この本ではフロランタンやベイクドチーズケーキに使用しています。底が抜けるものはケーキをきれいに取り出せますが、湯せん焼きには使えないので注意が必要です。
（KaiHouse SELECT　ホールケーキ型 18㎝
［底取れタイプ］ DL6103 ／貝印）

抜き型

一般的には、クッキーの型抜きやスコーンの生地抜きなどで使用します。この本ではタルト生地を抜く際に使用しています。菊型のほか、丸型でもOKです。9号サイズのマフィン型に合うサイズを選びましょう。
（抜き型 菊　#9　76×45mm／
販売店 合資会社馬嶋屋菓子道具店）

セルクル型

抜き型がない場合は、セルクル型でも代用できます。天板などの上に置き、生地を入れて焼き上げます。ケーキリングとも呼ばれ、大きさや深さによって、ケーキやイングリッシュマフィン、タルト、ガレットなどで使用します。
（KaiHouse SELECT　セルクル型　DL6125
9cm／貝印）

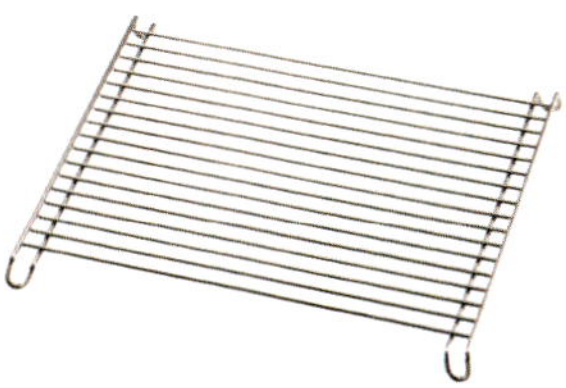

ケーキクーラー

焼きあがったケーキやクッキーを冷ましたり、デコレートする台として使います。
（ケーキクーラー（角）563／
タイガークラウン）

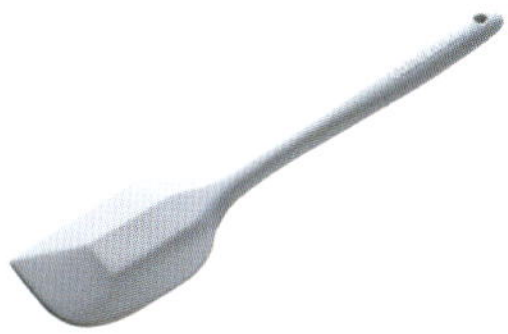

ゴムベラ

材料を軽く混ぜたり、すくったりするときに使用します。耐熱のものを選びましょう。
（ウィズシリコンゴムヘラ（大）1610／
タイガークラウン）

泡立て器

材料を泡立てたり、混ぜたりするときに使用します。しっかりしたつくりのものがおすすめです。
（EE スイーツステンレス製泡立て 30㎝
D-4711／パール金属）

ハンドミキサー

材料の泡立てに使います。生クリームや、卵白を手早くしっかりと泡立てるために必要になります。速度の切り替えができるものが便利です。
（KaiHouse SELECT　ハンドミキサー ターボ付
DL7519／貝印）

糖質オフスイーツを作るうえでの注意点

この本のレシピは、スイーツ作り初心者にもできるだけ作りやすくしていますが、作る前に押さえておきたいポイントがあります。
糖質オフならではのコツもあるので、よく読んで参考にしてください。

- 材料表の大さじ1は15mℓ、小さじ1は5mℓです。
- 卵は、Lサイズ（1個あたりの可食部約60g）を使用しています。

オーブンで焼くとき

オーブンは作り方の マークの温度で予熱しておきます。レシピのなかで2度オーブンを使うときは、2度目の温度も記載しています。1度焼き終えたあと、次の温度に合わせて再度予熱しておきましょう。

クリームチーズやバターを使うとき

クリームチーズやバターを使うレシピの多くは、「室温に戻しておく」という下準備が必要になります。夏場なら約30分、冬場だと室温により3～4時間かかることもあります。事前に冷蔵庫から使用量を出し、別の容器（ボウルなど）に入れておきましょう。

また、クリームチーズやバターを練る際には、空気を混ぜ込むようにして、ふんわりとしたクリーム状にしましょう。

Point バターは、ベタッとやわらかい状態にしておきましょう。

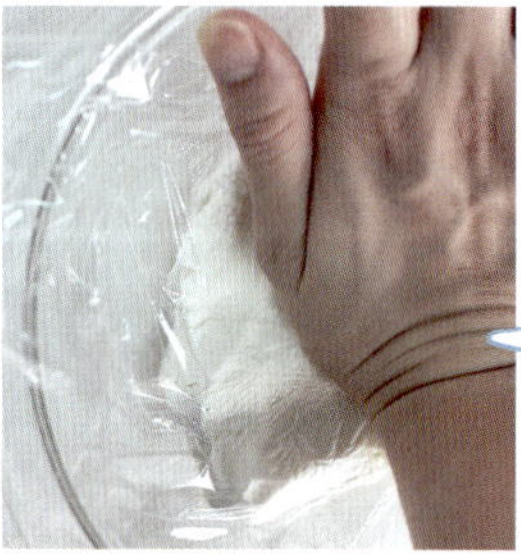

Point クリームチーズがかたい場合は、ラップをかけて、上から手のひらでつぶしながら温めるとやわらかくなります。

ラカントSと液状ラカントの使い分け

ラカントS（顆粒）は砂糖に比べて溶けにくく、条件*によって再結晶化しやすいのが特徴です。ハンドミキサーで混ぜる際は、低速で混ぜ始めてから高速へ切り替えて、飛び散らないように注意しましょう。また、泡立て器はボウルの底にこすりつけるようにしてしっかりと混ぜ、粒を溶かすようにしましょう。

一方、液状ラカント（ラカントS液状）は溶けやすく、再結晶化しにくいのが特徴です。ラカントSと液状ラカントはそれぞれ風味が違うため、この本ではレシピごとに適宜使い分け、場合によっては1つのレシピで両方使っています。

＊水分量、油分量、含有量、温度変化など。

ゼラチンの溶かし方

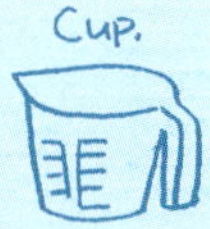

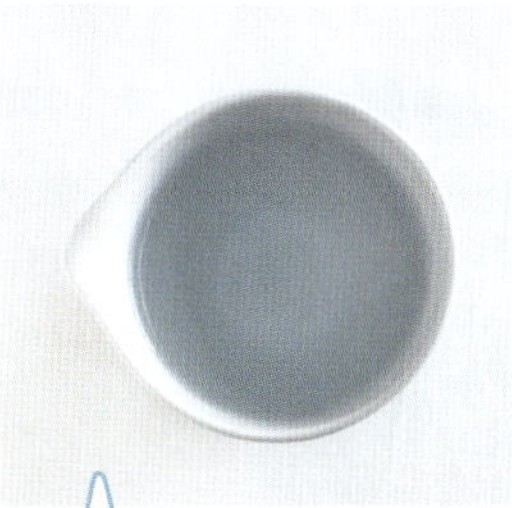

Point ゼラチンは、少量だけ溶かす場合や室温が低い場合など、溶けにくいこともあります。失敗しないためには、溶かす際の耐熱容器を事前に温めておくとよいでしょう。

この本では、あらかじめふやかす必要のない粉状のゼラチンを使用しています。冷たい材料に加えるときは、80℃以上のお湯に入れて完全に溶かしてから、ほかの材料によく混ぜて使います。熱い材料に加えるときは直接ふり入れ、よく混ぜて溶かします。

ただし、メーカーによって使用方法が異なる場合があるので、製品パッケージの使い方をよく読みましょう。

なお、ゼラチン液は沸騰させると固まりにくくなることがあるため、電子レンジ加熱はおすすめできません。

生クリームや卵白を泡立てるとき

生クリームや卵白をしっかりと泡立てるためには、材料の入ったボウルを、氷水を入れた一回り大きいボウルにつけて、冷やしながら行います。

●生クリームの泡立て方

生クリームは、温度が上がると粗いボソボソした状態になってしまいます。しっかりと冷えたものを使い、氷水で冷やしながらハンドミキサーで泡立てましょう。手早く行うことが重要なので、最初から最後まで高速で行いましょう。

この本では特に明記していないかぎり、軽くツノが立つ状態を、ホイップの目安にしています。時折、状態を確認しながら泡立てましょう。

Point ハンドミキサーの先（刃）を全体に動かしながら泡立てます。ホイップしすぎると分離するため、気をつけましょう。

●卵白の泡立て方

卵白を泡立てる際は、よく冷えた新鮮な卵を使いましょう。泡立てには少し時間がかかりますが、きめ細かい安定したメレンゲになります。軽く溶きほぐし、氷水で冷やしながら一気に泡立てましょう。

ハンドミキサーの先（刃）を持ち上げたときに、ピンとツノが立つ状態が目安になります。また、レシピによってはツノがたれる程度で止めるものもあります。

つやがなく水分が分離しているような状態は、泡立てすぎです。残念ですが、やり直しましょう。

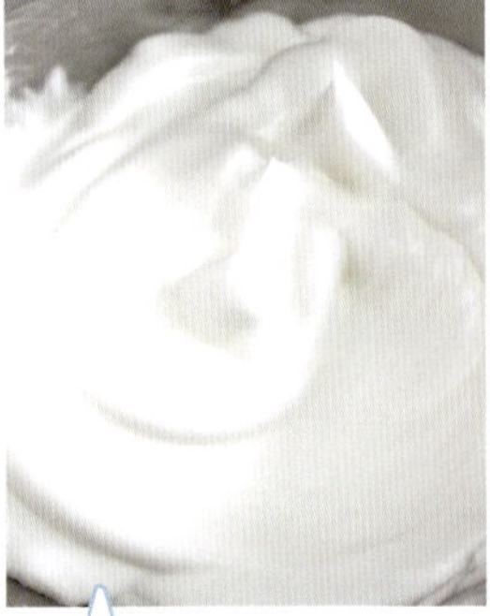

Point 卵黄と卵白を分けるときに、卵黄が入らないように気をつけましょう。

湯せんで卵を泡立てるとき

「湯せん」とは、材料の入ったボウルを、人肌よりも温かく感じる程度（約50～60℃）の湯を張った、一回り大きいボウルにつけて間接的に温めることをいいます。

45、47、77、83ページのレシピでは、湯せんにかけながら、卵を白っぽくもったりとするまで泡立てます。ベーキングパウダーを使わずにふっくらと仕上げるため、ハンドミキサーを休ませずに一気に泡立てていきます。時折ハンドミキサーの先（刃）をボウルの底に沈めながら、まんべんなく泡立てましょう。

また、ほかの材料と混ぜるときに、泡をつぶさないようにやさしく混ぜましょう。

Point もこもことボウルいっぱいにふくらめば成功です！

調理器具（ボウルや泡立て器、ハンドミキサーなど）に水分や油分が残っていると、失敗につながります！ 調理器具はきれいに洗い、水分をしっかりと拭き取っておきましょう。スイーツ作りの鉄則です。

International
Sweets
BrandNew RollCake
This season roll cakes appear now.
Attention is a roll cake using much

Cake pan.

Part 1
かんたん焼き菓子

焼き上がりの香りがたまらない、
マフィンやパウンドケーキ、クッキー。
糖質の少ないフルーツやナッツ類を加えれば
アレンジも自在です。

ケトン比	糖質量
2.5	2.3g （１個）

バターの濃厚な香りがたまらない。
飽きのこない王道マフィン

プレーンマフィン

材　料　9号カップ6個分

クリームチーズ	80g
無塩バター	30g
ラカントS	35g
卵	2個
アーモンドプードル	100g
ベーキングパウダー	3g

下準備

■クリームチーズとバターはそれぞれ室温に戻しておく。
■卵は溶きほぐしておく。
■アーモンドプードルはふるっておく。

作り方　予熱180℃

1 クリームチーズをボウルに入れ、泡立て器でなめらかになるまで練る。

2 バターを加え、なじませるように混ぜ合わせる。

3 ラカントSを加えて、粒を溶かすようにしっかりと混ぜ込む。

4 クリーム状になってきたら、溶き卵を3～4回に分けて加えていき、そのつど泡立て器でよく混ぜる。

5 アーモンドプードルを2～3回に分けて加え、そのつど混ぜ合わせる。

6 ベーキングパウダーを加えて、全体に行き渡るように混ぜる。

7 紙カップを敷いた型に等分に入れ、オーブンで21～23分ほど、ふっくらと焼き色がつくまで焼く。

カカオの香りが口いっぱいに広がる

ココアマフィン

材 料　9号カップ6個分

クリームチーズ	70g
無塩バター	40g
ラカントS	40g
卵	2個
アーモンドプードル	70g
ココアパウダー	25g
ベーキングパウダー	3g

下準備

- クリームチーズとバターはそれぞれ室温に戻しておく。
- 卵は溶きほぐしておく。
- アーモンドプードルはふるっておく。

ケトン比	糖質量
2.4	2.5g（1個）

作り方　予熱 180°C

1 クリームチーズをボウルに入れ、泡立て器でなめらかになるまで練る。

2 バターを加え、なじませるように混ぜ合わせる。

3 ラカント S を加えて、粒を溶かすようにしっかりと混ぜ込む。

4 クリーム状になってきたら、溶き卵を 3 ～ 4 回に分けて加えていき、そのつど泡立て器でよく混ぜる。

5 アーモンドプードルを 2 ～ 3 回に分けて加え、そのつど混ぜ合わせる。

6 軽く混ざったらココアパウダーを加えて混ぜ、ベーキングパウダーを加えて、全体に行き渡るように混ぜる。

7 紙カップを敷いた型に等分に入れ、オーブンで 21 ～ 23 分ほど、ふっくらと焼き色がつくまで焼く。

抹茶の深い味わいに舌鼓。大人も大満足の一品

抹茶マフィン

ケトン比	糖質量
2.5	2.1g（1個）

材　料　9号カップ6個分

クリームチーズ……70g
無塩バター……30g
ラカントS……35g
卵……2個
アーモンドプードル……90g
抹茶パウダー……7g
ベーキングパウダー……3g

下準備

■クリームチーズとバターはそれぞれ室温に戻しておく。
■卵は溶きほぐしておく。
■アーモンドプードルはふるっておく。

作り方　予熱 180℃

1 クリームチーズをボウルに入れ、泡立て器でなめらかになるまで練る。

2 バターを加え、なじませるように混ぜ合わせる。

3 ラカントSを加えて、粒を溶かすようにしっかりと混ぜ込む。

4 クリーム状になってきたら、溶き卵を3～4回に分けて加えていき、そのつど泡立て器でよく混ぜる。

5 アーモンドプードルを2～3回に分けて加え、そのつど混ぜ合わせる。

6 抹茶パウダーを加えて混ぜ、ベーキングパウダーを加えて、全体に行き渡るように混ぜる。

7 紙カップを敷いた型に等分に入れ、オーブンで21～23分ほど、ふっくらと焼き色がつくまで焼く。

ジューシーなラズベリー果肉に
思わず笑顔がこぼれる

ラズベリーマフィン

ケトン比	糖質量
2.5	2.6g （1個）

材　料　**9号カップ6個分**

クリームチーズ	70g
無塩バター	40g
ラカントS	35g
卵	2個
アーモンドプードル	90g
ベーキングパウダー	3g
ラズベリー（生または冷凍）	50g

下準備

■クリームチーズとバターはそれぞれ室温に戻しておく。
■卵は溶きほぐしておく。
■アーモンドプードルはふるっておく。
■ラズベリーは ¼ ～ ½ くらいの大きさに刻んでおく。

作り方　予熱180℃

1 クリームチーズをボウルに入れ、泡立て器でなめらかになるまで練る。

2 バターを加え、なじませるように混ぜ合わせる。

3 ラカントSを加えて、粒を溶かすようにしっかりと混ぜ込む。

4 クリーム状になってきたら、溶き卵を3～4回に分けて加えていき、そのつど泡立て器でよく混ぜる。

5 アーモンドプードルを2～3回に分けて加え、そのつど混ぜ合わせる。

6 ベーキングパウダーを加えて、全体に行き渡るように混ぜる。

7 ラズベリーの半量を入れて、ゴムベラでやさしく混ぜ込む。

8 紙カップを敷いた型に等分に入れてから、残りのラズベリーを等分にのせて、オーブンで21～23分ほど、ふっくらと焼き色がつくまで焼く。

Healthy Point　ラズベリー

糖質量が100g当たり5.6gと少なく、糖質オフスイーツにぴったりの果物です。果汁は喉の痛みや咳に効き、その独特の香りの正体であるラズベリーケトンという成分は、唐辛子に含まれるカプサイシンの3倍の脂肪燃焼効果を持つといわれています。

また、食物繊維を非常に多く含み、血糖値上昇を抑制します。さらに、ビタミンEやアントシアニン（ポリフェノールの一種）が豊富で、抗酸化作用にすぐれ、美肌効果やがんの予防効果なども期待できます。

アーモンドのサクサク感と生地のしっとり感。
2つの食感が絶妙！

ココア&アーモンドマフィン

材料 9号カップ6個分

クリームチーズ……70g
無塩バター……30g
ラカントS……40g
卵……2個
生クリーム……30g
アーモンドプードル……70g
ココアパウダー……25g
ベーキングパウダー……3g
アーモンドスライス
(下記のロースト方法参照)……8g

下準備

■クリームチーズとバターはそれぞれ室温に戻しておく。
■卵は溶きほぐしておく。
■アーモンドプードルはふるっておく。

アーモンドスライスの代わりにアーモンドダイス(ロースト)を使ってもOKです。

作り方 予熱180℃

1 クリームチーズをボウルに入れ、泡立て器でなめらかになるまで練る。

2 バターを加え、なじませるように混ぜ合わせる。

3 ラカントSを加えて、粒を溶かすようにしっかりと混ぜ込む。

4 クリーム状になってきたら、溶き卵を3～4回に分けて加えていき、そのつど泡立て器でよく混ぜる。

5 生クリームを加えて混ぜ合わせる。

6 アーモンドプードルを2～3回に分けて加え、そのつど混ぜ合わせる。

7 軽く混ざったらココアパウダーを加えて混ぜ、ベーキングパウダーを加えて、全体に行き渡るように混ぜる。

8 紙カップを敷いた型に等分に入れてから、アーモンドスライスを等分にのせ、オーブンで21～23分ほど、ふっくらと焼き色がつくまで焼く。

オーブンを使ったナッツのロースト方法

(1) オーブンを160℃に予熱しておく。
(2) 天板にオーブンシートを敷き、計量したナッツ類を広げ、オーブンで写真のような焼き色がつくまでローストする。

＊この本に使う生のナッツ類(アーモンドスライス、アーモンドダイス、くるみ)の焼き時間の目安は6～8分ほどです。
＊くるみは焼き色で判断しづらい上に、油分で焦げつきやすいので注意しましょう。
＊商品パッケージに「素焼き」「ロースト」の表示があるものは、この作業は不要です。

ケトン比	糖質量
2.6	2.3g（1個）

ココナッツと抹茶の意外な組み合わせがマッチ！

抹茶&ココナッツマフィン

材 料　9号カップ6個分

クリームチーズ……70g
無塩バター……30g
ラカントS……35g
卵……2個
生クリーム……30g
アーモンドプードル……80g
抹茶パウダー……6g
ベーキングパウダー……3g
ココナッツファイン……10g
ココナッツファイン（トッピング用）……3g

下準備

■クリームチーズとバターはそれぞれ室温に戻しておく。
■卵は溶きほぐしておく。
■アーモンドプードルはふるっておく。

作り方　予熱180℃

1 クリームチーズをボウルに入れ、泡立て器でなめらかになるまで練る。

2 バターを加え、なじませるように混ぜ合わせる。

3 ラカントSを加えて、粒を溶かすようにしっかりと混ぜ込む。

4 クリーム状になってきたら、溶き卵を3〜4回に分けて加えていき、そのつど泡立て器でよく混ぜる。

5 生クリームを加えて混ぜ合わせる。

6 アーモンドプードルを2〜3回に分けて加え、そのつど混ぜ合わせる。

7 軽く混ざったら抹茶パウダーを加えて混ぜ、ベーキングパウダーとココナッツファインを加えて、全体に行き渡るように混ぜる。

8 紙カップを敷いた型に等分に入れてから、ココナッツファイン（トッピング用）を等分にのせ、オーブンで21〜23分ほど、ふっくらと焼き色がつくまで焼く。

ココナッツファインの代わりに角切りにしたプロセスチーズを入れた「抹茶チーズマフィン」もおすすめです。

カラメルのコク、ザクザクした歯触り…
糖質オフとは思えない本格的なフロランタン

フロランタン

ケトン比	糖質量
3.4	2.1g（1/8 個）

材　料　**18cm のホール型 1 個分**

《ボトム生地》

無塩バター……40g
ラカント S……25g
卵黄……1 個分
A ┌ くるみ
　│ （29 ページのロースト方法参照）…40g
　└ アーモンドプードル……80g

《フィリング》

無塩バター……60g
B ┌ ラカント S……15g
　└ 液状ラカント……10g
生クリーム……40g
アーモンドスライス
（29 ページのロースト方法参照）…50g

下準備

■バターは室温に戻しておく。
■くるみはジッパー付き袋に入れて、麺棒などで粉々に砕いておく。
■アーモンドプードルはふるっておく。
■型にオーブンシートを敷いておく。

作り方　**予熱 180℃→ 180℃**

1 ボトム生地を作る。バターをボウルに入れて泡立て器で練ってから、ラカント S を加えてさらに混ぜる。

2 きれいに混ざったら、卵黄を加えてよく混ぜ、A を加えてゴムベラで切るように混ぜる。

3 粉っぽさがなくなる程度に混ざったら、型に入れる。スプーンを押しつけて型全体に平らに広げて成形し、フォークで穴をあける。

4 オーブンで 18 ～ 20 分ほど焼き色がつくまで焼く。オーブンから取り出し、型ごとケーキクーラーの上で冷ましておく。

5 フィリングを作る。鍋にバターを入れて弱めの中火にかけ、溶けたら B を加えてゴムベラで混ぜていく。

6 フツフツとしてきたら、生クリームを加えてさらに混ぜながら加熱する。

7 とろみがついたらアーモンドスライスを入れ、火を止めて混ぜる。

8 4 のボトム生地に広げて流し入れ、オーブンで 12 ～ 15 分ほど、しっかりと焼き色がつくまで焼く。

9 オーブンから出し、型ごとケーキクーラーの上に置く。完全に冷めたら型から取り出す。

ケトン比	糖質量
2.3	1.6g （1/10個）

栄養たっぷりのアボカドをケーキに。朝食にもおすすめ

アボカドパウンドケーキ

材料　22×9㎝のパウンド型1個分

クリームチーズ……50g
ラカントS……55g
卵……2個
A［アーモンドプードル……100g
　 ベーキングパウダー……4g
B［アボカド……1個（正味約120g）
　 レモン汁……大さじ1

下準備

■クリームチーズは室温に戻しておく。
■卵は溶きほぐしておく。
■アーモンドプードルはふるっておく。
■Bのアボカドは種と皮を取り、小さく刻んでレモン汁をかけておく（下記のHealthy Point参照）。
■型にオーブンシートを敷いておく。

作り方　予熱170℃

1 クリームチーズをボウルに入れて、泡立て器でよく練る。

2 クリーム状になってきたら、ラカントSを加えてさらによく混ぜる。

3 溶き卵を少しずつ加えながら混ぜ、Aも入れて、ふんわりとなるまでよく混ぜる。

4 Bを加え、実がつぶれないようにゴムベラでそっと混ぜ合わせる。

5 型に流し入れ、台に軽く叩きつけて空気を抜き、オーブンで35～40分ほど、焼き色がつくまで焼く。

Healthy Point　アボカド

糖質量が100g当たり0.9gと非常に低糖質な一方、食物繊維と脂質の量は果物中トップクラスです。血行促進作用や抗酸化作用の強いビタミンEを多く含むほか、豊富なミネラルは高血圧や脳梗塞、心筋梗塞の予防に有効です。

ヘタと皮の間の隙間が少ないものは、脂質が多く含まれているので、アボカドを見分ける際の参考にしてください。

調理の際は、ぐるりと縦に一周包丁を入れ、両手でそれぞれ反対側にねじって割ります。種は、包丁の角を使って取り出しましょう。すぐに果肉にレモン汁をかけると、変色を防げます。

レモンの酸味がクセになる！
冷やしてから食べるとさらにおいしい

ココナッツとレモンのパウンドケーキ

ケトン比	糖質量
2.7	2.2g（1/10個）

（「柑橘シロップ」のレモンをのぞく）

材　料　22×9cmのパウンド型1個分

無塩バター……80g
ラカントS……50g
卵……3個
ココナッツミルク……60g
A
- レモンの皮……10g（約½個分）
  （104ページの「柑橘シロップ」のレモンを丸ごと使ってもよい）
- レモン汁……大さじ1.5

B
- アーモンドプードル……130g
- ココナッツファイン……30g
- ベーキングパウダー……4g

下準備

■バターは室温に戻しておく。
■卵は溶きほぐしておく。
■ココナッツミルクは直前まで冷やしておく。計量する直前にスプーンでかき混ぜる。
■Aのレモンの皮は刻み、レモン汁をかけておく。
■アーモンドプードルはふるっておく。
■型にオーブンシートを敷いておく。

作り方　予熱170℃

1 バターをボウルに入れ、泡立て器でよく練る。

2 クリーム状になってきたら、ラカントSを加えてさらによく混ぜる。

3 溶き卵を少しずつ加えながら混ぜ、ココナッツミルクを加えてよく混ぜる。

4 生地がなじんだら、Aを加えて混ぜる。よく混ざったらBを順に加えていき、そのつどていねいに混ぜ合わせる。

5 型に流し入れ、台に軽く叩きつけて空気を抜き、オーブンで35～40分ほど、焼き色がつくまで焼く。

36ページの写真では、作り方5でオーブンに入れる前に、104ページの「柑橘シロップ」のレモン5切れをのせて焼いています。シロップ漬けのレモンでないと苦味が強く、カットしにくいです。

ココナッツバターを使ったアイシング風アレンジもおすすめです。今回はアビオス社のココナッツバターを使用しました。

小麦粉なしでも香ばしい！
ついつい手が伸びるサクサククッキー

アイスボックスクッキー

抹茶

ケトン比	糖質量
2.7	0.3g （1枚）

プレーン

ケトン比	糖質量
2.7	0.3g（1枚）

ココア

ケトン比	糖質量
2.6	0.3g（1枚）

アイスボックスクッキー

一口サイズながら、腹持ちがよく、食べごたえもアリ！持ち歩いて小腹がすいたときに食べるのに最適です。

プレーン

材料 天板2枚分（約30枚）

クリームチーズ	10g
無塩バター	25g
ラカントS	20g
卵黄	1個分

A	アーモンドプードル	70g
A	ココナッツファイン	10g
A	アーモンドダイス	8g

抹茶

材料 天板2枚分（約30枚）

クリームチーズ	10g
無塩バター	25g
ラカントS	20g
卵黄	1個分

A	アーモンドプードル	70g
A	ココナッツファイン	10g
A	アーモンドダイス	8g
A	抹茶パウダー	3g

ココア

材料 天板2枚分（約30枚）

クリームチーズ	10g
無塩バター	25g
ラカントS	20g
卵黄	1個分

A	アーモンドプードル	60g
A	ココナッツファイン	10g
A	アーモンドダイス	8g
A	ココアパウダー	7g

下準備

■クリームチーズとバターはそれぞれ室温に戻しておく。
■アーモンドプードルはふるっておく。
■天板にオーブンシートを敷いておく。

作り方　予熱 170℃

1 クリームチーズをボウルに入れ、泡立て器でなめらかになるまで練る。

少量なので、小さな泡立て器を使うと混ぜやすいです。

2 バターを加え、なじませるように混ぜ合わせる。

3 ラカント S を加え、粒を溶かすようにしっかりと混ぜ込む。

4 クリーム状になってきたら、卵黄を入れてさらによく混ぜ、A を順に加えてゴムベラで切るように混ぜる（ポロポロとした状態で OK）。

5 生地をラップの上に置いて、直径 3㎝ほどの円筒状にし、ラップに包んで冷蔵庫で2時間以上冷やす。

6 生地がかたくなったら冷蔵庫から取り出し、5㎜幅に切って天板に並べる。オーブンで 18 ～ 20 分ほど、焼き色がつくまで焼く。

7 オーブンから出し、天板ごとケーキクーラーの上で冷ます。

ケトン比	糖質量
3.0	0.6g（1個）

紅茶の香りが際立つ、上品な味わい

紅茶のドロップクッキー

材料　天板1枚分（約24個）

無塩バター……50g
A［ラカントS……40g
　 紅茶（ティーバッグ）……2パック
卵黄……2個分
B［くるみ
　 （29ページのロースト方法参照）…50g
　 アーモンドプードル……90g
　 アーモンドスライス
　 （29ページのロースト方法参照）…15g

下準備

■バターは室温に戻しておく。
■くるみはジッパー付き袋に入れて、麺棒などで叩いておく（少しかたまりが残っている状態でOKです）。

■アーモンドプードルはふるっておく。
■天板にオーブンシートを敷いておく。

作り方　予熱180℃

1 バターをボウルに入れて泡立て器で練り、Aを加えてさらに混ぜる。

2 きれいに混ざったら、卵黄を1個ずつ入れて、そのつど混ぜ合わせる。

3 Bを順に加え、ゴムベラで切るように混ぜる（41ページの作り方4の写真参照）。アーモンドスライスは、好みの大きさに砕いてよい。

4 スプーンですくった生地を、もう1本のスプーンを使って天板に落とし、スプーンの先で成形する。

ボウルの中で生地を4等分してから、さらにそれぞれを6個ずつに分けてスプーンですくうと、均等にしやすいです。

5 オーブンで13～15分ほど、焼き色がつくまで焼く。

6 オーブンから出し、天板ごとケーキクーラーの上で冷ます。

陳皮（みかんの皮を乾燥させたもの）を混ぜた薬膳アレンジもおすすめです。

おやつの殿堂、カステラ。どこか懐かしい味がする

ココナッツカステラ

ケトン比	糖質量
6.9	1.1g (1/10個)

材　料　22 × 9㎝のパウンド型1個分

卵 ……………………………… 2個
塩 …………………………… ひとつまみ
ラカントS ………………………… 35g
A ┌ 生クリーム ……………………… 30g
　 │ ココナッツオイル ……………… 大さじ1
　 └ 液状ラカント …………………… 35g
アーモンドプードル ……………… 90g

下準備

■ Aは湯せんで温めておく。
■型にオーブンシートを敷いておく（型からはみ出さないように注意）。
■まな板の上にラップを広げておく。

作り方　予熱170℃

1 卵と塩を大きめのボウルに入れ、50～60℃の湯せんにかけながら、高速のハンドミキサーでしっかりと泡立てる（17ページ参照）。

2 白っぽくもったりとしてきたら、ラカントSとAを加え、低速に切りかえたハンドミキサーで軽く混ぜる。

3 アーモンドプードルをふるいながら加え、ゴムベラで慎重に切るように混ぜる。

4 型に流し入れ、台に軽く叩きつけて空気を抜き、オーブンで30～35分ほど、うっすら焼き色がつくまで焼く。

5 オーブンから出し、ラップを広げたまな板の上に焼き目を下にして型から出し、温かいうちにラップで包んで冷ます。

2～3日ほど置くと、味がなじんで、しっとりとおいしくなります！

Healthy Point　ココナッツオイル

椰子《やし》（ココヤシ）から作られる油で、「ヤシ油」とも呼ばれます。

成分の64%を占める中鎖脂肪酸は、すぐに消化吸収されてエネルギーとして燃えるので、中性脂肪になりにくく、糖質オフダイエットに役立ちます。なかでも、母乳の成分でもあるラウリン酸には、抗菌作用や免疫力アップ効果があります。

24～25℃以下だと固まってしまうので、湯せんにかけてから使いましょう。また、ココナッツオイルはほかの油に比べて加熱しても酸化しにくく、炒め物や揚げ物などの高温調理に適しています。しかし、高温すぎると栄養素が損なわれるため、180℃を超える調理は避けるようにしましょう。

抹茶の旨みと苦みを感じる、奥行きのある味わい。
年配の方にもおすすめ

抹茶カステラ

ケトン比	糖質量
2.3	1.1g (1/10個)

材　料　22 × 9㎝のパウンド型1個分

A
- 生クリーム……30g
- 無塩バター……15g
- 液状ラカント……35g

抹茶パウダー……8g
卵……2個
塩……ひとつまみ
ラカントS……35g
アーモンドプードル……90g

下準備

■型にオーブンシートを敷いておく（型からはみ出さないように注意）。
■まな板の上にラップを広げておく。

作り方　予熱170℃

1 鍋にAを入れ、バターが液状になるまで溶かしながらスプーンなどで混ぜる。

2 1が温かいうちに抹茶パウダーを加え、スプーンを使って抹茶が溶けきるまでていねいに混ぜる。

3 卵と塩を大きめのボウルに入れ、50～60℃の湯せんにかけながら、高速のハンドミキサーでしっかりと泡立てる（17ページ参照）。

4 白っぽくもったりとしてきたら、ラカントSと2を加え、低速に切りかえたハンドミキサーで軽く混ぜる。

5 アーモンドプードルをふるいながら加え、ゴムベラで慎重に切るように混ぜる。

6 型に流し入れ、台に軽く叩きつけて空気を抜き、オーブンで30～35分ほど、焼き色がつくまで焼く。

7 オーブンから出し、ラップを広げたまな板の上に焼き目を下にして型から出し、温かいうちにラップで包んで冷ます。

Healthy Point　抹茶

　テアニン（旨味成分）とカテキン（渋み成分）、ビタミンCを豊富に含みます。テアニンには血圧を下げ、脳や精神をリラックスさせる働きがあります。カテキンは抗菌作用を持つだけでなく、ビタミンCの抗酸化作用を促進するため、アンチエイジングやがん予防にも効果的です。

ナッツがぎっしり！ ザクザクした食感が食べごたえバッチリ！

ナッツビスコッティ

ケトン比	糖質量
2.7	0.9g （1本）

下準備

■くるみはジッパー付き袋に入れて、麺棒などで叩いておく（少しかたまりが残っている状態でOK、43ページの下準備の写真参照）。

■天板にオーブンシートを敷いておく。

作り方　予熱 180℃ → 160℃

1 卵をボウルに入れて泡立て器で混ぜ、ラカントSと溶かしバターを加えてよく混ぜる。

2 きれいに混ざったらAを順に入れ、そのつどゴムベラで切るように混ぜる。

3 生地を天板にのせ、中央の高さが1.5㎝くらいのカマボコ型になるように成形する。

4 オーブンで20～23分ほど、ほんのりと焼き色がつくまで焼く。

5 オーブンから出して1㎝幅にカットし、切り口を上にしてオーブンで15～18分ほど、好みの焼き色がつくまで焼く。

6 オーブンから出し、天板ごとケーキクーラーの上で冷ます。

焼き立てよりも完全に冷ましてから食べたほうが、歯ごたえがあっておいしいです。

材料　天板1枚分（約12本）

卵		1個
ラカントS		35g
溶かし無塩バター		20g
A	くるみ（29ページのロースト方法参照）	60g
	アーモンドプードル	70g
	アーモンドダイス（29ページのロースト方法参照）	10g
	オオバコ	3g

Bonheur

ナッツとココアの相性抜群。
男性も納得のおいしさ

ココアビスコッティ

ケトン比	糖質量
2.5	1.1g（1本）

材　料　天板1枚分（約12本）

卵 ………………………… 1個
ラカントS ………………………… 40g
溶かし無塩バター ………………… 20g
A
- くるみ（29ページのロースト方法参照）… 60g
- アーモンドプードル ……………… 60g
- アーモンドダイス（29ページのロースト方法参照）… 10g
- ココアパウダー ………………… 15g
- オオバコ ………………………… 3g

下準備

■くるみはジッパー付き袋に入れて、麺棒などで叩いておく（少しかたまりが残っている状態でOK、43ページの下準備の写真参照）。
■天板にオーブンシートを敷いておく。

作り方　予熱180°C → 160°C

基本的に49ページのナッツビスコッティと同じ手順。作り方2で、オオバコの前にココアパウダーを加える。

ほど良い苦みが魅力。
コーヒーにも日本茶にもぴったり

抹茶ビスコッティ

ケトン比	糖質量
2.7	1.0g（1本）

材　料　天板1枚分（約12本）

卵 ………………………… 1個
ラカントS ………………………… 35g
溶かし無塩バター ………………… 20g
A
- くるみ（29ページのロースト方法参照）… 60g
- アーモンドプードル ……………… 70g
- アーモンドダイス（29ページのロースト方法参照）… 10g
- 抹茶パウダー …………………… 5g
- オオバコ ………………………… 3g

下準備

■くるみはジッパー付き袋に入れて、麺棒などで叩いておく（少しかたまりが残っている状態でOK、43ページの下準備の写真参照）。
■天板にオーブンシートを敷いておく。

作り方　予熱180°C → 160°C

基本的に49ページのナッツビスコッティと同じ手順。作り方2で、オオバコの前に抹茶パウダーを加える。

Part 2
ひんやりデザート

素材のシンプルな味と
なめらかな舌触りを楽しめる、
種類豊富なプリンやアイスクリームなど。
寒い季節にも食べたくなるおいしさです。

ラズベリーの香りと酸味で
高脂肪だけどさっぱり食べやすい

ラズベリープリン

ケトン比	糖質量
3.0	3.1g（1個）

（トッピングをのぞく）

材　料　**150mℓカップ4個分**

ラズベリー（生または冷凍）…………80g
ラカントS ……………………………45g
A ┌ 生クリーム …………………200g
　 │ アーモンドミルク ……………120g
　 └ 無糖ヨーグルト ……………30g
湯（80℃以上）…………………90mℓ
ゼラチン ……………………………10g

下準備

■冷凍ラズベリーは自然解凍しておく。

作り方

1 ラズベリーを大きめの耐熱ボウルに入れ、ラップを軽くかけて500Wの電子レンジで30～40秒ほど、実がくずれて水っぽくなるまで加熱する。

2 温かいうちにラカントSを加え、すぐに実をつぶしながら泡立て器で混ぜる。

3 粗熱が取れたら、Aをボウルに加え、むらなく混ぜ合わせる。

4 湯で溶かしたゼラチンを加え、素早く混ぜ合わせる（15ページ参照）。

5 カップに等分に分け、冷蔵庫でしっかりと固まるまで冷やす。

ラズベリーやホイップした生クリームなどでトッピングを楽しみましょう。

混ぜるだけのかんたん和スイーツでセサミンを摂取！

黒ごまプリン

ケトン比	糖質量
3.4	2.1g（1個）

（黒いりごまをのぞく）

材料　150mℓ容器4個分

A	生クリーム	200g
	アーモンドミルク	200mℓ
	黒すりごま	30g
湯（80°C以上）		100mℓ
ラカントS		45g
ゼラチン		10g

作り方

1 Aをボウルに入れ、泡立て器でていねいに混ぜ合わせる。

2 湯にラカントSとゼラチンを入れて溶かしたら（15ページ参照）、1のボウルに加えて素早く混ぜ合わせる。

3 すぐに容器に等分に分け、冷蔵庫で1時間以上冷やし固める。

黒いりごまをトッピングすると、プチプチ食感も楽しめます。

クコの実をのせた薬膳アレンジもおすすめです。

Healthy Point　ごま

代表成分であるセサミンは肝臓の働きを強化するといわれています。さらに、血管をしなやかにし、体や脳細胞の疲労を回復する働きなどが期待できます。

黒ごまは特にポリフェノールが多く、アンチエイジングに効果を発揮。粒にはビタミンB_1・E、鉄、リン、マグネシウム、亜鉛、カルシウムなどビタミンやミネラルが凝縮されています。外皮がかたいため、すりごまとして摂ることで栄養の吸収率がアップします。

牛乳を使わないのに、クリーミーで満足感たっぷりの一品

濃厚プリン

ケトン比	糖質量
3.4	1.2g （1本）

材　料　90㎖瓶3本分

A［全卵 ……………………… 1個
　 卵黄 ……………………… 1個分
生クリーム ……………………… 100g
アーモンドミルク ……………… 100㎖
ラカントS ……………………… 35g

下準備

■アルミホイルを、瓶の口が包めるサイズに3枚分カットしておく。

作り方

1 Aをボウルに入れて泡立て器で溶きほぐしておく。

2 残りの材料を鍋に入れ、弱めの中火にかけて泡立て器で混ぜていき、ラカントSが溶けたら火を止める（沸騰させないこと）。

3 2の鍋を1のボウルへ流し入れたら、素早く混ぜ合わせ、こし器でこす。

こしながら、注ぎ口のついた大きめの計量カップなどへ移すと瓶へ注ぎやすいです。

4 こした3を瓶へ等分に、静かに注ぎ入れ、アルミホイルで瓶の口をしっかり包む。

5 瓶を深めの鍋に入れ、瓶が8分目まで浸かる程度に水を入れる。

6 鍋にふたをして中火にかけ、沸騰したらごく弱火にする。5分ほど蒸したら火を消し、ふたをしたまま12分ほど放置する。

7 プリンの表面に膜ができ、瓶を振るとプルプルと震える程度に火が通ったら、鍋から取り出す。粗熱が取れたら冷蔵庫で冷やす。

餅の糖質はゼロ!
材料2つですぐできる

わらび餅

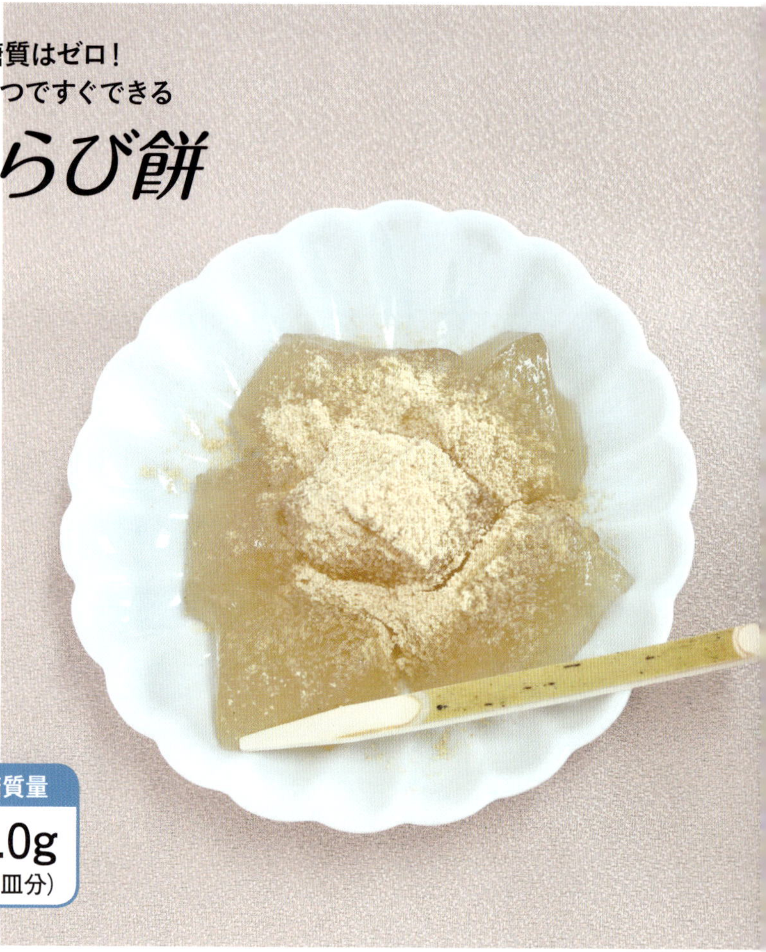

ケトン比	糖質量
1.0	0.0g（1皿分）

（きな粉をのぞく）

材　料

10 × 16cm容器1個分（3皿分）

水 ……………………………150mℓ
ラカントS
…… 大さじ 1.5 ～ 2（好みの分量）
オオバコ ………… 4g（専用スプーン 1 杯）

きな粉は糖質が多い食材なので、使いすぎには注意しましょう。

作り方

1 材料を上から順に鍋に入れ、そのつど泡立て器で素早く混ぜ合わせる。

2 2～3分ほど混ぜながら弱火にかけていき、モチッとしてきたら火を止める。

3 容器に流し入れ、粗熱が取れたら冷蔵庫で冷やす。

4 しっかり固まったら、適当な大きさに切って皿に盛り、きな粉（分量外）をふる。

暑い日に食べたくなる
ひんやり和スイーツ

抹茶わらび餅

ケトン比	糖質量
1.0	0.0g（1皿分）

（きな粉をのぞく）

材　料

10 × 16㎝容器1個分（3皿分）

水 …………………………… 150㎖
抹茶パウダー ……3 ～ 5g（好みの分量）
ラカントS
……大さじ 1.5 ～ 2（好みの分量）
オオバコ ………… 4g（専用スプーン1杯）

作り方

1 材料を上から順に鍋に入れ、そのつど泡立て器で素早く混ぜ合わせる。

2 2～3分ほど混ぜながら弱火にかけていき、モチッとしてきたら火を止める。

3 容器に流し入れ、粗熱が取れたら冷蔵庫で冷やす。

4 しっかり固まったら、適当な大きさに切って皿に盛り、きな粉（分量外）をふる。

家族みんなですくって食べたい。かんたんアイスクリーム

アイスクリーム

ケトン比	糖質量
3.6	6.6g （全量）

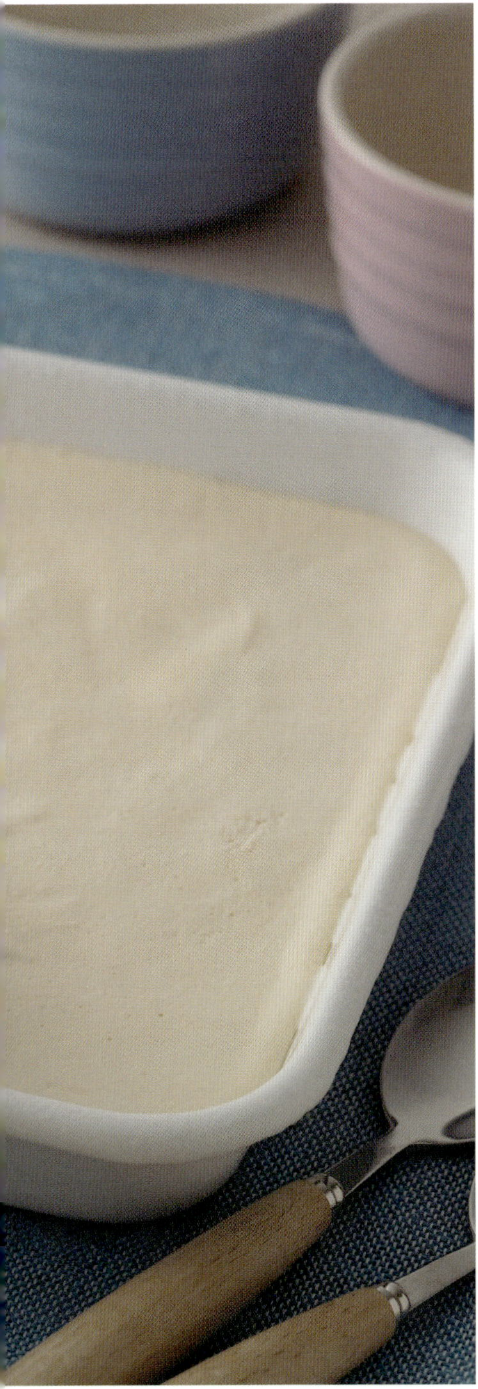

材料

約 24×20×3.5㎝容器1個分（約4〜6皿分）

生クリーム……………………200g
卵（新鮮なもの）……………2個
液状ラカント…………………40g

下準備

■生クリームは直前まで冷蔵庫で冷やしておく。

作り方

1 生クリームをボウルに入れ、氷水で冷やしながらホイップする（16ページ参照）。

2 卵と液状ラカントを別のボウルに入れ、ハンドミキサーで泡立てていく。

3 白っぽくもったりしてきたら、1を加えてゴムベラでむらなく切るように混ぜ合わせる。

4 容器に流し入れ、冷凍庫で冷やし固める。

ケトン比	糖質量
3.1	12.9g（全量）

甘酸っぱさがたまらない。
見た目も可愛いアイスはいかが？

ラズベリーチーズアイスクリーム

材　料

約24×20×3.5㎝容器1個分
（約6～8皿分）

A	クリームチーズ	150g
A	卵（新鮮なもの）	1個
A	液状ラカント	60g
A	レモン汁	大さじ1
B	生クリーム	150g
B	ラカントS	20g
	ラズベリー（冷凍）	60g

下準備

■クリームチーズは室温に戻しておく。
■生クリームは直前まで冷蔵庫で冷やしておく。
■ラズベリーは小さく刻んでおく。

作り方

1　Aをミキサーに入れ、なめらかになるまでよく混ぜる。

2　Bを大きめのボウルに入れ、氷水で冷やしながらホイップする（16ページ参照）。

3　2のボウルに1を加え、ゴムベラでむらなく切るように混ぜ合わせる。

4　容器に流し入れて、刻んだラズベリーを上から散らし、冷凍庫で冷やし固める。

アボカドが苦手な方にも食べていただきたい、
一味違った大人のアイス

アボカドアイスクリーム

ケトン比	糖質量
7.6	11.3g（全量）

（ミントをのぞく）

材　料

約24×20×3.5cm容器1個分（約6〜8皿分）

A
- アボカド……1個（正味約120g）
- レモン汁……大さじ1
- 生クリーム……50g
- 無糖ヨーグルト……50g
- 液状ラカント……40g
- 卵黄（新鮮なもの）……1個分
- ココナッツオイル……大さじ1

B
- 生クリーム……150g
- ラカントS……10g

下準備

- ココナッツオイルが固まっている場合は、湯せんで温めて溶かしておく。
- 生クリームは直前まで冷蔵庫で冷やしておく。
- アボカドは種と皮を取り除き（35ページのHealthy Point参照）、小さく刻んでレモン汁をかけておく。

作り方

1 Aをミキサーに入れて、アボカドのかたまりがなくなるまでよく混ぜる。

2 Bを大きめのボウルに入れ、氷水で冷やしながらホイップする（16ページ参照）。

3 2のボウルに1を加え、ゴムベラでむらなく切るように混ぜ合わせる。

4 容器に流し入れて、冷凍庫で冷やし固める。

ココナッツの香り漂うパンナコッタ。南国テイストを楽しんで

ココナッツパンナコッタ

材　料　150mℓカップ4個分

無糖ヨーグルト ………… 150g
A ┌ 生クリーム ………… 150g
　│ ココナッツミルク ………… 100mℓ
　└ ラカントS ………… 40g
ゼラチン ………… 8g

作り方

1 ヨーグルトをボウルに入れ、氷水にあてて冷やしておく。

2 Aを鍋に入れ、弱めの中火にかけて、泡立て器で混ぜていく。沸騰直前で火を止める。

3 ゼラチンをそのまま鍋に加え、素早く混ぜ合わせる（15ページ参照）。

4 ゼラチンがきれいに混ざったら、1のボウルに流し入れながら泡立て器で混ぜ合わせる。

5 粗熱が取れたらカップに等分に分け、冷蔵庫で1時間以上冷やし固める。

和と洋の両方が楽しめる、濃厚抹茶スイーツ

抹茶のパンナコッタ

材　料　150mℓカップ4個分

無糖ヨーグルト ……………… 150g
A
- 生クリーム ……………… 150g
- ココナッツミルク ………… 100mℓ
- ラカントS ………………… 40g
- 抹茶パウダー ……………… 12g

ゼラチン …………………………… 8g

作り方

1　ヨーグルトをボウルに入れ、氷水にあてて冷やしておく。

2　Aを鍋に入れ、弱めの中火にかけて、泡立て器で混ぜていく。沸騰直前で火を止める。

3　ゼラチンをそのまま鍋に加え、素早く混ぜ合わせる（15ページ参照）。

4　ゼラチンがきれいに混ざったら、1のボウルに流し入れながら泡立て器で混ぜ合わせる。

5　粗熱が取れたらカップに等分に分け、冷蔵庫で1時間以上冷やし固める。

ケトン比	糖質量
2.6	3.6g（1個）

（トッピングをのぞく）

ケトン比	糖質量
0.7	0.1g （全量）

（クラッシュゼリー部分のみ）

ココナッツパンナコッタの上にのせて2層にしても、そのまま食べても！

紅茶クラッシュゼリー

材料 約110g分

紅茶ティーバッグ……………1パック
熱湯 ………………………… 100mℓ
ラカントS……… 大さじ1～（好みの分量）
ゼラチン …………………………3g

作り方

1 紅茶ティーバッグを耐熱ボウルに入れて熱湯を注ぎ、ラップなどをかけて蒸らす。

2 2～3分ほどして紅茶の色が出たらすぐにティーバッグを取り出し、ラカントSを加えて泡立て器で混ぜる。

3 ラカントSの粒が溶けたらゼラチンをふり入れ（15ページ参照）、素早く混ぜ合わせる。

4 粗熱が取れたら、冷蔵庫で1時間以上冷やし固めて、フォークでくずす。

冷たいスイーツにかけたり、アレンジにも。甘酸っぱい万能選手

ラズベリーソース

材　料　約 55g 分

ラズベリー（生または冷凍）…………40g
水 …………………………………大さじ 1
ラカント S ……小さじ ½ ～（好みの分量）

下準備

■冷凍ラズベリーは自然解凍しておく。

作り方

1 ラズベリーと水を耐熱ボウルに入れてラップを軽くかけ、500W の電子レンジで 30 ～ 40 秒ほど、実がくずれて水っぽくなるまで加熱する。

2 温かいうちにラカントSを加え、すぐに泡立て器で実をつぶしながら、ソース状になるまで混ぜる。

ケトン比	糖質量
0.1	2.2g（全量）

（ラズベリーソース部分のみ）

Part 3
おもてなしケーキ

パーティーや手みやげに用意するなら、
リッチで濃厚なスイーツを。
糖質オフとは思えない味わいと美しさに、
自然と会話も弾みそうです。

ふんわりとした食感が楽しい。子どもも大人も大好きな味

ブルーベリームースケーキ

ケトン比	糖質量
2.1	4.4g（1個）

（ブルーベリームース部分のみ）

材　料　150mℓカップ6個分

A
- ブルーベリー（生または冷凍）…………150g
- ヨーグルト……………………100g
- レモン汁……………………大さじ1

B
- 生クリーム……………………200g
- ラカントS……………………40g

湯（80℃以上）……………………大さじ3
ゼラチン……………………………5g

下準備

■冷凍ブルーベリーの場合は自然解凍しておく。
■生クリームは直前まで冷蔵庫で冷やしておく。

作り方

1 Aをミキサーに入れ、なめらかになるまでよく混ぜる。

2　Bを大きめのボウルに入れ、氷水で冷やしながらホイップする（16ページ参照）。

3　2のボウルにを1を加え、泡立て器で色むらのない程度に混ぜ合わせる。

ホイップの状態や混ぜ具合で、できあがりの量は異なってきます。

4　次に、湯で溶かしたゼラチンを加え、素早く混ぜ合わせる。

5　大きめのスプーンを使ってカップに等分に分け、冷蔵庫で冷やす。

写真のように、水切りしたヨーグルトを入れたり、ブルーベリーや小さくカットしたレモンなどでトッピングを楽しみましょう。

コーヒーと一緒に食べていただきたい。
しっとりとした食感が自慢

ガトーショコラ

ケトン比	糖質量
2.9	1.4g（1/10個）

材　料　22 × 9㎝のパウンド型1個分

クリームチーズ……………………60g
無塩バター……………………………50g
A ラカントS……………………30g
　液状ラカント……………………30g
B 生クリーム……………………90g
　ココアパウダー…………………30g
　アーモンドプードル……………35g
卵………………………………………2個
オオバコ………………………………2g

下準備

■クリームチーズとバターはそれぞれ室温に戻しておく。
■生クリームは湯せんで温めておく。
■アーモンドプードルはふるっておく。
■型にオーブンシートを敷いておく。
■天板に湯を張るか、型が入る大きさの耐熱容器に湯を張って予熱する。

湯せん焼きでは、オーブン庫内が蒸気で満たされるようにして焼き上げます。小さめの耐熱容器に湯を入れ、天板の四隅に置いて予熱してもOKです。

作り方　予熱150℃

1 クリームチーズをボウルに入れ、泡立て器でなめらかになるまで練る。

2 バターを加え、泡立て器でクリーム状に混ぜ合わせる。

3 Aを加え、ラカントSの粒を溶かすようにしっかりと混ぜる。

4 Bを順に加え、そのつどよく混ぜ合わせる。

5 卵を別のボウルに入れて、湯せんにかけながら、高速のハンドミキサーでしっかりと泡立てる（17ページ参照）。

6 白っぽくもったりとしてきたら、半量くらいを4のボウルの中へ入れ、泡立て器で軽く混ぜ合わせる。

7 残りも加えてから、オオバコを広げるように加え、ゴムベラでむらなく切るように混ぜ合わせる。

8 型に流し入れ、台に軽く叩きつけて空気を抜き、オーブンで26～28分ほど湯せん焼きにする。

9 焼き上がったら、オーブンの中で1時間ほど放置する。オーブンから出し、型ごとケーキクーラーの上で冷ます。

冷蔵庫でよく冷やすとさらにおいしくなります。残った生クリームはホイップしてトッピングするのもおすすめ！

ケトン比	糖質量
3.6	3.1g （1個）

（トッピングをのぞく）

カップで作るからとってもかんたん！
後から香るレモンが隠し味

カップレアチーズケーキ

材　料　150mℓカップ4個分

クリームチーズ……200g
液状ラカント……50g
生クリーム……200g
レモン汁……20g
湯（80°C以上）……大さじ3
ゼラチン……5g

下準備

■クリームチーズは室温に戻しておく。

作り方

1 クリームチーズをボウルに入れ、泡立て器でなめらかになるまで練る。

2 液状ラカントを加えて混ぜる。

3 生クリーム、レモン汁の順に加え、そのつどなじませるように混ぜ合わせる。

4 湯で溶かしたゼラチンを加え、素早く混ぜ合わせる（15ページ参照）。

5 カップに等分に分け、冷蔵庫で冷やす。

写真のようにホイップした生クリームを絞り、その上に刻んだラズベリーを散らすと華やかになっておすすめです。

ケトン比	糖質量
3.6	2.7g （1個）

（トッピングをのぞく）

抹茶とレアチーズの絶妙バランス。
和食のデザートとしても◎

抹茶レアチーズケーキ

材　料　150mℓカップ4個分

クリームチーズ……200g
液状ラカント……50g
生クリーム……200g
抹茶パウダー……10g
湯（80°C以上）……大さじ3
ゼラチン……5g

下準備

■クリームチーズは室温に戻しておく。

作り方

1 クリームチーズをボウルに入れ、泡立て器でなめらかになるまで練る。

2 液状ラカントを加えて混ぜる。

3 生クリーム、抹茶パウダーの順に加え、そのつどなじませるように混ぜ合わせる。

4 湯で溶かしたゼラチンを加え、素早く混ぜ合わせる（15ページ参照）。

5 カップに等分に分け、冷蔵庫で冷やす。

トッピングで餡を加える際は、低糖質餡を使いましょう。自分で作る場合は、指で小豆がつぶせるくらいまで煮込み、ラカントSと液状ラカントで甘味を足しましょう。市販のものもあります。ただし、小豆は糖質が高めの食材なので、食べすぎにはご注意を！

ケトン比	糖質量
3.3	2.0g （1個）

（ミントをのぞく）

ふわふわに焼いた生地に、
あふれんばかりの生クリームがうれしい

ミニオムレット

材　料　3個分

A	生クリーム	15g
	ラカントS	10g
卵		1個
アーモンドプードル		25g
オオバコ		3g
B	生クリーム	100g
	ラカントS	10g

下準備

■天板くらいの大きさのまな板を用意しておく。
■天板にオーブンシートを敷いておく。

作り方　予熱160℃

1 Aを耐熱容器に入れ、湯せんにかけながらスプーンなどで混ぜて、ラカントSを溶かす。

2 卵をボウルに入れて、湯せんにかけながら、高速のハンドミキサーで白っぽくもったりするまで泡立てる（17ページ参照）。

3 次に1を加え、すぐに泡立て器で1～2回だけ混ぜる。

4 アーモンドプードルをふるいながら加え、オオバコも加えて泡立て器でそっと混ぜ合わせる。

5 お玉などで⅓量ずつすくって天板に丸く広げ、オーブンで6～8分ほど、うっすらと焼き色がつくまで焼く。

6 オーブンから出し、オーブンシートごとまな板の上にのせる。すぐに上からラップをかけて、生地の乾燥を防ぎながら冷ます。

7 完全に冷めたら、生地の下のオーブンシートを、キッチンばさみで生地よりひとまわり大きい円形に切り取る。

8 オーブンシートの下に手を入れ、生地を持ち上げながらそっと巻き、シートを外す。

9 Bをボウルに入れて、氷水で冷やしながらかためにホイップし、生地に挟む（16ページ参照）。

ふわふわの生地に仕上げるためには、泡がしぼまないよう、作り方2～5は休まず作業を進めることが大切です。

ケトン比
3.3
糖質量
2.9g
(1/8 個)

小麦粉なしでも納得の仕上がり。
チーズの芳醇な香りが広がる

ベイクドチーズケーキ

材　料　18cmのホール型1個分

A
- アーモンドプードル ･････････ 100g
- 無塩バター ････････････････ 60g
- ラカントS ････････････････ 25g

クリームチーズ･･････････････ 200g
ラカントS ････････････････････ 40g
卵･････････････････････････････ 3個
生クリーム･････････････････････ 200g
レモン汁････････････････････ 小さじ2
溶かし無塩バター ･･････････････ 20g

下準備

■クリームチーズは室温に戻しておく。
■卵は溶きほぐしておく。
■アーモンドプードルはふるっておく。
■Aのバターは1cmくらいの角切りにして冷やしておく。
■型にオーブンシートを敷いておく。

作り方　予熱180°C→180°C

1 Aをボウルに入れ、バターを両手ですりつぶしながら混ぜ合わせる。

Aを混ぜ合わせたものは、ポロポロした状態のままでOKです。

2 型に入れて、スプーンを使って底面に押しつけて平らにしていく。

3 型全体に広げたらフォークで穴をあけ(33ページの作り方3の写真参照)、オーブンで16～18分ほど、ほんのりと焼き色がつくまで焼く。

4 オーブンから出し、ケーキクーラーの上で冷ましておく。

5 クリームチーズをボウルに入れ、泡立て器でなめらかになるまで練る。

6 残りの材料を上から順に加えて、そのつど泡立て器で混ぜ合わせる。

7 冷めた4の上に流し入れ、オーブンで40～45分ほど焼き色がつくまで焼く。

8 オーブンから出し、型ごとケーキクーラーの上で冷ます。粗熱が取れたら、ラップをかけて冷蔵庫で冷やす。

ケトン比	糖質量
3.7	1.0g （1/10 個）

カカオの旨みがたっぷり。
パクパク食べられるちっちゃなアイス

生チョコ

材　料　10㎝程度の角型容器1個分

クリームチーズ……60g
無塩バター……50g
A ┌ 液状ラカント……40g
　│ 生クリーム……100g
　└ ココアパウダー……20g
ココアパウダー……10g

下準備

■クリームチーズとバターはそれぞれ室温に戻しておく。
■容器にオーブンシートかラップを敷いておく。

作り方

1　クリームチーズをボウルに入れ、泡立て器でなめらかになるまで練る。

2　バターを加え、なじませるように混ぜ合わせる。

3　Aを順に加え、そのつどホイップするようにしっかりと混ぜ合わせる。

4　やわらかいうちにゴムベラを使って容器に入れ、冷凍庫でしっかりと固まるまで冷やす。

5　冷凍庫から出し、好みの大きさにカットしてココアパウダーをまぶす。

かたくて切りにくいときは、少しだけ時間を置いて解凍するか、包丁をお湯で温めてみましょう。

半解凍で食べると絶品！ また、88ページでは、タルトにして楽しむレシピを紹介しています。

自慢のチョコをミニタルトで。
プレゼントにも喜ばれそう

生チョコタルト

《タルト生地》

＊生チョコタルト、90 ページのレアチーズタルトで使用するタルト生地です。

材　料　9号カップ6個分（マフィン型）

無塩バター	30g
ラカント S	20g
卵黄	1 個分
A　アーモンドプードル	80g
ココナッツファイン	5g

下準備

■バターは室温に戻しておく。
■アーモンドプードルはふるっておく。
■マフィン型にバター（分量外）を塗っておく。

作り方　予熱 170℃

1 バターをボウルに入れ、泡立て器でクリーム状に練る。

2 ラカント S、卵黄の順に加え、そのつどよく混ぜ合わせる。

3 A を加え、ゴムベラで切るように混ぜる。

ここでは、決して練らないこと！
41 ページの作り方4の写真のようにポロポロとした状態で OK です。

4 生地を平らにしてラップに包み、冷蔵庫で 2 時間以上冷やす。

5 生地がかたくなったら冷蔵庫から出し、手早く伸ばして 9 号サイズの抜き型（菊型か丸型のもの、13 ページ参照）でくり抜く。マフィン型に敷き込み、底の部分にフォークで穴を開ける。

途中で生地がやわらかくなってしまった場合は、再度冷蔵庫で冷やしましょう。

6 オーブンで 17 ～ 20 分ほど、うっすらと焼き色がつくまで焼く。

7 オーブンから出し、型ごとケーキクーラーの上で冷ます。完全に冷めたら、型の底を台に軽く叩きつけてタルトを型から外す。

ケトン比	糖質量
3.3	2.5g（1個）

（トッピングをのぞく）

《タルト用生チョコ》

材　料 9号カップ6個分（マフィン型）

クリームチーズ………………45g
無塩バター…………………35g
A ┌液状ラカント……………28g
　│生クリーム………………70g
　└ココアパウダー…………14g

下準備

■クリームチーズとバターはそれぞれ室温に戻しておく。

作り方

1 クリームチーズをボウルに入れ、泡立て器でなめらかになるまで練る。

2 バターを加え、泡立て器でなじませるように混ぜ合わせる。

3 Aを順に加え、そのつどホイップするようにしっかりと混ぜ合わせる。

4 やわらかいうちに、88ページのタルトに等分に入れ、冷蔵庫で冷やす。

写真のようにローストしたアーモンドダイス（29ページのロースト方法参照）をトッピングすれば、グンと豪華に！

外はサクッ、中はトローリ。２つの食感にワクワクが止まらない

レアチーズタルト

《タルト用レアチーズ》

材　料　9号カップ6個分（マフィン型）

A［生クリーム…………70g
　 ラカントS…………5g
クリームチーズ…………70g
液状ラカント…………10g
レモン汁…………大さじ1

下準備

■クリームチーズは室温に戻しておく。
■生クリームは直前まで冷蔵庫で冷やしておく。

ケトン比	糖質量
3.0	2.4g（1個）

（トッピングをのぞく）

作り方

1 Aをボウルに入れ、氷水で冷やしながらハンドミキサーでホイップする（16ページ参照）。

2 クリームチーズを別のボウルに入れ、泡立て器でなめらかになるまで練る。

3 次に液状ラカント、レモン汁を加え、なじませるように混ぜたら、1も加えてよく混ぜ合わせる。

4 88ページのタルトに等分に入れ、冷蔵庫で冷やす。

好みでミントの葉やレモンの皮、刻んだラズベリーなどを飾ると、かわいく仕上がります。

ケトン比	糖質量
3.7	1.5g （1/8 個）

イタリア語で「私を元気づけて！」の意味。
みんなが元気になるごほうびスイーツ

ティラミス

材料　約850mℓ容器1個分

A［生クリーム……200g
　 ラカントS……40g
クリームチーズ……200g
卵黄（新鮮なもの）……2個分
ココアパウダー……6g

下準備

■クリームチーズは室温に戻しておく。
■生クリームは直前まで冷蔵庫で冷やしておく。

作り方

1 Aをボウルに入れ、氷水で冷やしながら、ハンドミキサーでホイップする（16ページ参照）。

2 クリームチーズを別の大きめのボウルに入れ、泡立て器でなめらかになるまで練る。

3 次に卵黄を1個ずつ加え、そのつど混ぜ合わせてクリーム状にする。

4 さらに1を2～3回に分けて加え、そのつどゴムベラでむらなく切るように混ぜ合わせる。

5 容器に入れて冷蔵庫で冷やす。

6 食べる直前に、茶こしを使ってココアパウダーをふりかける。

ココアパウダーの量は、好みに合わせて増減してください。

ケトン比
3.1
糖質量
1.3g
（1個）

口に入れた瞬間、ふわっと消える。
チーズなのに後味はスッキリ

スフレチーズケーキ

材　料　150mlココット4個分

クリームチーズ……100g
無塩バター……20g
ラカントS……30g
卵黄……2個分
A［生クリーム……40g
　レモン汁……大さじ1
卵白……2個分

下準備

■クリームチーズとバターはそれぞれ室温に戻しておく。
■大きめのボウル（ステンレス製がよい）を冷蔵庫で冷やしておく。
■ココットに無塩バターを1gずつ（分量外）塗っておく。
■天板に湯を張るか、型が入る大きさの耐熱容器に湯を張って予熱する（77ページの下準備参照）。

作り方　予熱150℃→130℃

1 クリームチーズをボウルに入れ、泡立て器でなめらかになるまで練る。

2 バターを加え、クリーム状になるまで混ぜ合わせる。

3 ラカントSを加えて、粒を溶かすようにしっかりと混ぜる。

4 卵黄を1個ずつ加えていき、そのつど、むらなく混ぜる。

5 Aを順に加え、そのつど混ぜ合わせる。

6 卵白を冷えた大きめのボウルに入れ、氷水で冷やしながら、ハンドミキサーでツノがたれる程度に泡立てる（16ページ参照）。

7 6のメレンゲを2～3回に分けて5のボウルに加え、ゴムベラを使ってそっと切るように混ぜ合わせる。

8 ココットに等分に流し入れ、台に軽く叩きつけて空気を抜き、オーブンで20分、その後130℃に下げて35分ほど、焼き色がつくまで湯せん焼き（77ページの下準備参照）にする。

焼き上がりの際にあふれないよう、ココットのふちより5mmほど低くなるように入れましょう。

9 すぐにオーブンから出し、ケーキクーラーの上で冷ます。粗熱が取れたら、冷蔵庫で冷やす。

ケトン比	糖質量
2.8	2.1g（1個）

（フルーツをのぞく）

生地のやわらかさとクリームのなめらかさが溶け合う、贅沢なひととき。
スプーンですくって召し上がれ

ロールケーキ

材　料　**約37㎝×25㎝の天板またはロールケーキ型1枚分（約10個）**

卵		6個
ラカントS		60g
生クリーム		60g
A	アーモンドプードル	80g
	ベーキングパウダー	6g
B	生クリーム	250g
	ラカントS	25g

下準備

■大きめのボウル（ステンレス製がよい）を冷蔵庫で冷やしておく。
■卵は直前まで冷蔵庫で冷やしておく。
■生クリーム60gは湯せんで温めておく。
■Aは合わせてふるっておく。
■天板より大きめにカットしたオーブンシートを2枚用意する。1枚は天板に敷いておき、もう1枚は作り方9で使用する。

■作り方12で使用するオーブンシートは、7～8㎝幅の帯状に10枚分カットしておく。

作り方　予熱180℃

1　冷やしておいた大きめのボウルと、常温の中くらいのボウルを並べ、卵白は大きめのボウルへ、卵黄は中くらいのボウルへ、卵を割り入れる。

2　卵白のボウルを氷水で冷やしながら、高速のハンドミキサーで混ぜ、一気にメレンゲを作る（16ページ参照）。

3 卵黄のボウルにラカントSを加え、低速のハンドミキサーで混ぜ始め、途中から高速に切りかえて卵黄が白っぽく、かためのクリーム状になるまで混ぜる。

4 さらに生クリームを加えて、泡立て器で軽く混ぜ合わせ、Aも加えてむらなく混ぜる。

5 4を2のメレンゲにそっと流し入れ、やさしく混ぜ合わせる。

6 きれいに混ざってきたら、ゴムベラを使って天板に入れ、平らにならす。

写真のように、スケッパー（カード）を使ってそっと広げていき、表面を整えます。

7 オーブンで10～12分ほど、ほんのりと焼き色がつくまで焼く。オーブンから出し、台に天板を落とすように軽く叩きつける。

8 シートごとケーキクーラーの上にのせ、温かいうちにラップをかけて、乾燥を防ぎながら冷ます。

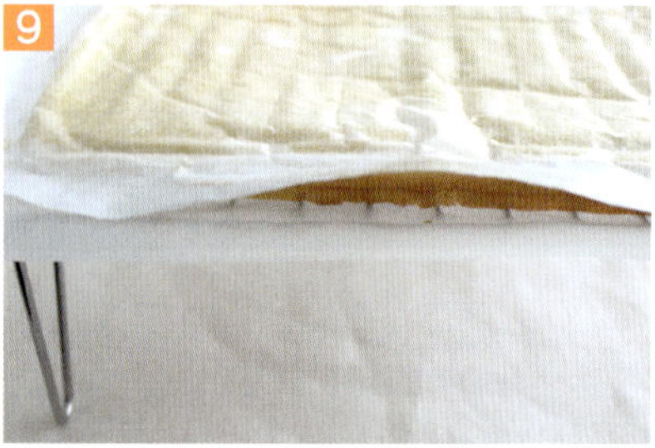

9 粗熱が取れたらラップを外し、大きめのオーブンシートをかぶせたら、両手で生地をそっと挟むようにして上下をひっくり返す。オーブンシートごとまな板の上にそっと移動させ、そのまま完全に冷ます。

10　上側のオーブンシートをはがして生地のふちを切り落とし、1cm幅の切れ目を生地の⅓くらいの深さまで横方向に入れる。

丸めやすくするために、切れ目を入れます。包丁を前後に動かすと切れ目が入りやすいです。

11　縦方向に10等分（約3.5cm幅）にカットしたら、切れ目を入れた面が内側になるように、両端を合わせてリング状にする。

12　7～8cm幅にカットしておいたオーブンシートで周りをやや強めに巻き、ホチキスで固定させる。

13　Bをボウルに入れ、氷水で冷やしながら、ハンドミキサーでかためにホイップする（16ページ参照）。絞り袋に入れ、生地の中へ渦を巻くように絞り入れていく。

14　オーブンシートで固定したまま、上からそっとラップをかけて冷蔵庫で冷やす。しっかりと冷えたらオーブンシートとラップを外す。

仕上げにロールケーキの上にラップをかけて、上からクリームを指でならすと表面がきれいになります。

生地をスクエア型にカットし、生クリームや108～113ページのクリームなどを使って、ショートケーキやクリームサンドにするのもおすすめです。

Part 4
ティータイムのおとも

糖質オフスイーツと一緒に、
手軽なドリンクやクリームはいかが？
ビタミンやミネラルが摂れて、
おなかも心も満たされます。

ケトン比
2.3
糖質量
5.7g
（1杯）

混ぜるだけスムージーで、
手軽にビタミン・ミネラルチャージ！

アボカドスムージー

材料　300mℓのグラス2杯分

アボカド……1個（正味約120g）
レモン汁……大さじ2
ココナッツミルク……100mℓ
無糖ヨーグルト……100g
ルッコラ……10g
ラカントS
……大さじ½～1（好みの分量）

作り方

1 アボカドは種と皮を取り除き（35ページのHealthy Point参照）、小さく刻んでミキサーに入れ、レモン汁をかける。

2 全ての材料をミキサーに入れ、なめらかになるまでよく混ぜる。ドロッとして飲みにくい場合は、適量の水を足して調節する。

野菜はルッコラのほか、ベビーリーフやブロッコリースプラウトなどもおすすめです。

ココナッツミルクは、24～25℃以下の低温で油脂分と液体が分離して固まる性質があります。その変化を緩和するために、漂白剤や乳化剤、酸化防止剤などの添加物を加えているものも多いですが、できるだけ無添加の商品を選びましょう。分離していても、全体をよく混ぜてから使えば問題ありません。

ドリンクにしたり、ゼリーにしたり。
何かと便利な爽やかシロップ

柑橘シロップ

ケトン比	糖質量
0.1	38.9g （全量）

食欲が出ない朝にオススメ。
クエン酸のすっぱさが心と体に効く

柑橘サワードリンク

ケトン比	糖質量
0.0	2.5g （1杯）

柑橘シロップ

材料

600mℓ以上の瓶1本分(ドリンク約8杯分)

レモン(新鮮なもの)……1個
グレープフルーツ(新鮮なもの)……1個
A［ラカントS……80g
　 クエン酸(食用)……大さじ2

《水洗い用》
重曹(食用)……大さじ2

下準備

■瓶は熱湯消毒しておく。
■レモンとグレープフルーツは、水800mℓに重曹を加えて溶かしたボウルに1～2分くらい漬け、水できれいに洗い流しておく(国産有機栽培の場合はこの作業は不要)。

作り方

1 レモンを輪切りに、グレープフルーツを横半分にカットしてからくし切りにし、瓶に入れる。

2 Aを加えてふたを閉め、ラカントSを溶かすように上下にふってなじませる。

3 冷蔵庫に入れ、一晩置く。

柑橘サワードリンク

材料　**300mℓのグラス1杯分**

柑橘シロップ……大さじ2
水……250mℓ
重曹(食用)……小さじ½

下準備

■柑橘シロップは瓶ごと上下にふっておく。

作り方

1 グラスに柑橘シロップを入れ、水を注ぐ。

2 重曹を加えて混ぜる。

ぷるんっとしたゼリーの食感と
ジューシーなフルーツの果肉感を楽しんで

柑橘クエン酸ゼリー

ケトン比	糖質量
0.3	1.3g（1個）

5層に分かれた色の重なりが、
見た目もかわいいゼリー

ヨーグルトとグレープフルーツのクラッシュゼリー

ケトン比	糖質量
0.6	3.7g（1個）

柑橘クエン酸ゼリー

材　料　150㎖カップ3個分

104 ページの柑橘シロップ …… 大さじ3
水 …… 240㎖
湯（80℃以上）…… 50㎖
ゼラチン …… 5g
104 ページの柑橘シロップの
グレープフルーツ …… 90g

下準備

■柑橘シロップは瓶ごと上下にふっておく。
■グレープフルーツは皮を取り、小さく刻んでおく。苦味が気になる場合はラカント S（好みの分量）をまぶしておく。

作り方

1 ボウルに柑橘シロップを入れ、水を注いで泡立て器で混ぜる。

2 湯で溶かしたゼラチンを加え、素早く混ぜ合わせる（15 ページ参照）。

3 グレープフルーツを加え、スプーンなどで混ぜ合わせる。

4 カップに等分に分け、冷蔵庫でしっかりと固まるまで冷やす。

ヨーグルトとグレープフルーツのクラッシュゼリー

材　料　150㎖カップ2個分

104ページの柑橘シロップ … 大さじ 1.5
水 …… 110㎖
湯（80℃以上）…… 30㎖
ゼラチン …… 3g
104 ページの柑橘シロップの
グレープフルーツ …… 45g
無糖ヨーグルト …… 120g

下準備

■柑橘シロップは瓶ごと上下にふっておく。
■グレープフルーツは皮を取り、小さく刻んでおく。苦味が気になる場合はラカント S（好みの分量）をまぶしておく。

作り方

1 ボウルに柑橘シロップを入れ、水を注いで泡立て器で混ぜる。

2 湯で溶かしたゼラチンを加え、素早く混ぜ合わせて（15ページ参照）、冷蔵庫で冷やす。

3 固まったら、フォークでくずしてから、グレープフルーツを加えてスプーンで混ぜ合わせる。

4 それぞれのカップにゼリーを約 ⅙ 量（30gくらい）ずつ入れ、その上にヨーグルトを 30gずつ入れる。

5 4をもう一度繰り返し、一番上に残りのゼリーを等分にのせる。

ラズベリークリーム

ケトン比	糖質量
2.5	2.1g （全量）

カラフルな色合いが美しい
低糖質クリーム。
ディップパーティーにしたり、
オムレットやロールケーキの
生地に挟んでも

ブルーベリークリーム

ケトン比	糖質量
1.7	9.5g （全量）

ケトン比	糖質量
3.9	1.8g（全量）

ココア クリーム

アボカド クリーム

ケトン比	糖質量
2.4	4.4g（全量）

ラズベリークリーム

材料　**作りやすい分量（約60g分）**

クリームチーズ……20g
生クリーム……10g
ラズベリー（生または冷凍）……20g
ラカントS……10g
レモン汁……小さじ½

下準備

■クリームチーズは室温に戻しておく。
■冷凍ラズベリーは自然解凍しておく。

作り方

1 クリームチーズをボウルに入れ、泡立て器でなめらかになるまで練る。

2 生クリームを加え、なじませるように混ぜ合わせる。

3 ラズベリーを別の耐熱ボウルに入れ、ラップを軽くかけて、500Wの電子レンジで10～20秒ほど、実がくずれて水っぽくなるまで加熱する。

4 温かいうちにラカントSを加え、すぐに泡立て器で溶かして、実をつぶしながらソース状になるまで混ぜる。

5 2を加えて混ぜ合わせ、最後にレモン汁を加えて混ぜる。

ココアクリーム

材料　**作りやすい分量（約50g分）**

生クリーム……40g
ラカントS……10g
ココアパウダー……3g

下準備

■生クリームは直前まで冷蔵庫で冷やしておく。

作り方

全ての材料をボウルに入れ、氷水で冷やしながら、クリーム状になるまで泡立て器でしっかりと混ぜる。

ブルーベリークリーム

材料　**作りやすい分量（約150g分）**

クリームチーズ……20g
生クリーム……40g
ブルーベリー（生または冷凍）……80g
ラカントS……10g
レモン汁……小さじ½

下準備

■クリームチーズは室温に戻しておく。
■冷凍ブルーベリーは自然解凍しておく。

作り方

1 クリームチーズをボウルに入れ、泡立て器でなめらかになるまで練る。

2 生クリームを加え、なじませるように混ぜ合わせる。

3 ブルーベリーとラカントSを鍋に入れ、ゴムベラで混ぜながら弱火にかける。

4 ブルーベリーの実をつぶしながら焦げつかないように煮詰め、ジャム状になってきたら火を止める。

5 4を2のボウルに加えて混ぜ合わせ、最後にレモン汁を加えて混ぜる。

アボカドクリーム

材料　**作りやすい分量（約150g分）**

アボカド……½個（正味約60g）
レモン汁……小さじ1
無糖ヨーグルト……60g
クリームチーズ……20g
ラカントS……10g

下準備

■クリームチーズは室温に戻しておく。

作り方

1 アボカドは種と皮を取り除き（35ページのHealthy Point参照）、小さく刻んでミキサーに入れ、レモン汁をかける。

2 残りの材料をミキサーに加え、なめらかになるまでよく混ぜる。

できあがったクリームがかたい場合は、無糖ヨーグルト（分量外）を少し加えて調整してください。

ココア カスタード

ケトン比	糖質量
3.4	5.5g（全量）

抹茶 カスタード

ケトン比	糖質量
3.8	3.1g（全量）

卵とアーモンドミルクの
まろやかな味わいが特徴

カスタード

ケトン比	糖質量
4.0	3.3g（全量）

カスタード

材料　**作りやすい分量（約180g分）**

卵黄 …… 2個分
A［生クリーム …… 100g
　アーモンドミルク …… 60mℓ
　ラカントS …… 20g
無塩バター …… 5g

抹茶カスタード

材料　**作りやすい分量（約190g分）**

卵黄 …… 2個分
A［生クリーム …… 90g
　アーモンドミルク …… 60mℓ
　ラカントS …… 25g
B［抹茶パウダー …… 5g
無塩バター …… 5g

ココアカスタード

材料　**作りやすい分量（約190g分）**

卵黄 …… 2個分
A［生クリーム …… 100g
　アーモンドミルク …… 60mℓ
　ラカントS …… 25g
B［ココアパウダー …… 12g
無塩バター …… 5g

作り方

1 卵黄を鍋に入れ、泡立て器で溶きほぐす。

2 Aを加え、混ぜながら弱めの中火にかけて、とろみがついてきたら弱火にする。

3 **《カスタードの場合》**
焦げつかないようにゴムベラで混ぜる。

《抹茶カスタード、ココアカスタードの場合》
Bを加えてむらなく混ぜ合わせたら、焦げつかないようにゴムベラで混ぜる。

4 ゆるいクリーム状になったら火を止め、バターを加えて溶かしながら混ぜ合わせる。

火を入れすぎるとかたい仕上がりになってしまうので、かなりゆるめの状態で火を止めましょう！

5 容器に移し、泡立て器で混ぜてなめらかにする。

6 粗熱が取れたら、ラップをかけて冷蔵庫で冷やす。

食べる前に再度混ぜると、より口当たりのよいクリームになります。

ほろ苦いキャラメルに、ふわっと香るココナッツが新しい。
アイスクリームに混ぜたり、おつまみにも

ココナッツ風味の ナッツキャラメリゼ

アーモンド

ケトン比	糖質量
7.1	9.7g (全量)

くるみ

ケトン比	糖質量
8.0	3.4g (全量)

※アーモンドは 100g、くるみは 80g を使用した場合

材料

- A
  - ラカントS……20g
  - 液状ラカント……10g
  - 水……小さじ1
- B
  - 無塩バター……10g
  - ココナッツオイル……10g
- ナッツ類（29ページのロースト方法参照）……80〜100g

下準備

■まな板か天板にオーブンシートを広げておく。

アーモンドは100g、くるみなら80gくらいが適量です。くるみは、好みに合わせて½くらいにカットしたものを使ってもよいでしょう。

作り方

1 Aを鍋に入れて弱めの中火にかけ、ゴムベラで混ぜながら溶かしていく。

2 とろみがついてきたら弱火にし、Bを加えて溶かしていく。

3 完全に溶けたら火を止めてナッツを入れ、ゴムベラで絡める。

4 なじんだらオーブンシートに広げて冷ます。

Healthy Point　ナッツ類

高血圧症や心臓病の予防効果を持つカリウムをはじめ、マグネシウム、カルシウムなど、普段は不足しがちなミネラルが豊富です。

特に、アーモンドは、生理痛などの女性特有の悩みを解消してくれるビタミンEの量が抜群です。
また、生活習慣病の予防効果があるオレイン酸や鉄分、骨を造る作用の強いミネラルが非常に多いのが特徴です。

くるみはナッツ類の中でも抗酸化力がトップ。α-リノレン酸がナッツ類で最も多く、血流促進や血液をサラサラにする力に優れています。

主な食材の糖質量リスト

ふだん私たちが口にしている食材は、意外と糖質量が多いもの、逆に糖質オフにぴったりの低糖質なものまでさまざまです。このリストを見て、食材選びの参考にしてください。
　　　は、この本のレシピで使用している食材です。

参考：文部科学省『日本食品標準成分表（2015年版（七訂））追補2016年』
＊糖質量は、参考資料の炭水化物量から食物繊維量を引いた数値を基準としています。
＊一部、メーカーの資料なども参考に、編集部にて作成しました。

種類	食材	100gあたり糖質量	常用量	常用量あたり糖質量
穀類、粉類	ごはん（玄米）	34.2g	約1膳（150g）	51.3g
	ごはん（精白米）	36.8g	約1膳（150g）	55.2g
	小麦粉（薄力粉）	73.3g	大さじ1（9g）	6.6g
	小麦粉（強力粉）	69.0g	大さじ1（9g）	6.2g
	うどん（ゆで）	20.8g	250g	52.0g
	生そば（ゆで）	24.0g	200g	48.0g
	スパゲッティ（ゆで）	30.3g	240g	72.7g
	食パン	44.4g	6枚切り1枚（60g）	26.6g
いも類	こんにゃく	0.1g	80g	0.1g
	さつまいも（生）	30.3g	50g	15.2g
	じゃがいも（生）	16.3g	½個（60g）	9.8g
豆類	ゆであずき（缶詰）	45.8g	50g	22.9g
	大豆（缶詰）	0.9g	20g	0.2g
	きな粉（脱皮大豆）	14.2g	10g	1.4g
	木綿豆腐	1.2g	½丁（135g）	1.6g
ナッツ、種実類	アーモンド（ロースト）	9.7g	10g	1.0g
	アーモンドプードル	10.8g	15g	1.6g
	カシューナッツ（フライ・味つき）	20.0g	50g	10.0g
	くるみ（ロースト）	4.2g	10g	0.4g
	ココナッツファイン	9.6g	0.8g	0.1g
	ごま（乾）	7.6g	5g	0.4g
	ピスタチオ（ロースト・味つき）	11.7g	50g	5.9g
	落花生（ロースト）	12.4g	50g	6.2g
野菜類	かぼちゃ（日本・生）	8.1g	50g	4.1g
	きゅうり（生）	1.9g	½本（50g）	1.0g
	大根（根・生）	2.7g	100g	2.7g
	大豆もやし（生）	0g	50g	0g
	とうもろこし（生）	13.8g	100g	13.8g
	トマト（生）	3.7g	中1個（150g）	5.6g
	にんじん（生）	6.5g	30g	2.0g

種類	食材	100gあたり糖質量	常用量	常用量あたり糖質量
果物類	アボカド	0.9g	80g	0.7g
	甘柿	14.3g	1個(200g)	28.6g
	いちご	7.1g	5粒(80g)	5.7g
	温州みかん	11.0g	1個(100g)	11.0g
	グレープフルーツ	9.0g	½個(150g)	13.5g
	バナナ	21.4g	1本(100g)	21.4g
	ぶどう	15.2g	1房(100g)	15.2g
	ブルーベリー	9.6g	45g	4.3g
	桃	8.9g	1個(170g)	15.1g
	ラズベリー	5.5g	50g	2.8g
	りんご(皮むき)	14.1g	½個(150g)	21.2g
	レモン(果汁)	8.6g	小さじ1(5g)	0.4g
きのこ類	えのきたけ(生)	3.7g	20g	0.7g
	しいたけ(生)	2.1g	15g	0.3g
	なめこ(生)	1.9g	20g	0.4g
藻類	カットわかめ	6.2g	5g	0.3g
	干しひじき(乾)	6.6g	10g	0.7g
肉、卵類	牛肩ロース(赤肉・生)	0.2g	100g	0.2g
	鶏ささ身(生)	0g	50g	0g
	豚バラ(脂身つき・生)	0.1g	100g	0.1g
	ウィンナーソーセージ	3.0g	20g	0.6g
	卵(全卵・生)	0.3g	1個(60g)	0.2g
	卵(卵黄・生)	0.1g	1個(19g)	0.0g
	卵(卵白・生)	0.4g	1個(41g)	0.2g
魚介類、魚加工品	かつお(生)	0.2g	刺身4切れ(50g)	0.1g
	紅ざけ(生)	0.1g	100g	0.1g
	あさり(生)	0.4g	30g	0.1g
	かき(生)	4.7g	15g	0.7g
	焼きちくわ	13.5g	小1本(30g)	4.1g
牛乳、乳製品、植物性ミルク	普通牛乳	4.8g	コップ1杯(200g)	9.6g
	加工乳(低脂肪)	5.5g	コップ1杯(200g)	11.0g
	クリームチーズ	2.3g	15g	0.3g
	ヨーグルト(全脂無糖)	4.9g	100g	4.9g
	生クリーム(乳脂肪)	3.1g	½パック(100g)	3.1g
	ホイップクリーム(植物性脂肪)	12.9g	100g	12.9g
	無調整豆乳	2.9g	150g	4.4g
	調整豆乳	4.5g	200g	9.0g
	アーモンドミルク	0g	33g	0g
	ココナッツミルク	2.6g	25g	0.7g
調味料類	砂糖(上白糖)	99.2g	大さじ1(15g)	14.9g

種類	食材	100gあたり糖質量	常用量	常用量あたり糖質量
調味料類	はちみつ	79.7g	大さじ1（21g）	16.7g
	ラカントS（顆粒）※	0g	大さじ1（13g）	0g
	液状ラカント（ラカントS液状）※	0g	大さじ1（12g）	0g
	ゼラチン	0g	2.5g	0g
	オオバコ	0g	4g	0g
	食塩	0g	1g	0g
	カレールウ	41.0g	25g	10.3g
	濃口しょうゆ	10.1g	小さじ1（5g）	0.5g
	めんつゆ（ストレート）	8.7g	100g	8.7g
	本みりん	43.2g	小さじ1（5g）	2.2g
	マヨネーズ（全卵型）	4.5g	大さじ1（15g）	0.7g
	ごまだれ	30.1g	大さじ1（15g）	4.5g
	トマトケチャップ	25.6g	小さじ1（5g）	1.3g
アルコール類	清酒（普通酒）	4.9g	1合（180g）	8.8g
	焼酎	0g	60g	0g
	梅酒	20.7g	30g	6.2g
	ジン	0.1g	30g	0g
	発泡酒	3.6g	1缶（350g）	12.6g
	ワイン（赤）	1.5g	グラス1杯（100g）	1.5g
	ワイン（白）	2.0g	グラス1杯（100g）	2.0g
ソフトドリンク類	煎茶	0.2g	茶碗1杯（100g）	0.2g
	抹茶パウダー	1.0g	小さじ1（2g）	0g
	ウーロン茶	0.1g	グラス1杯（200g）	0.2g
	紅茶（ストレート）	0.1g	カップ1杯（150g）	0.2g
	レギュラーコーヒー（ブラック）	0.7g	カップ1杯（150g）	1.1g
	コーラ	11.4g	グラス1杯（100g）	11.4g
	ココアパウダー	18.5g	小さじ1（2g）	0.4g
	麦茶	0.3g	グラス1杯（200g）	0.6g
菓子類（市販）	かりんとう（黒）	75.1g	30g	22.5g
	しょうゆせんべい	82.3g	中1枚（10g）	8.2g
	大福もち	50.3g	中1個（50g）	25.2g
	練りようかん	66.9g	50g	33.5g
	キャラメル	77.9g	1粒（5g）	3.9g
	ショートケーキ（果実なし）	43.0g	1個（100g）	43.0g
	ポテトチップス	50.5g	15g	7.6g
	ミルクチョコレート	51.9g	1切れ（20g）	10.4g
オイル類	オリーブオイル	0g	100g	0g
	ココナッツオイル	0g	大さじ1（12g）	0g
	サラダ油（紅花油）	0g	100g	0g
	食塩不使用バター	0g	5g	0g

※栄養成分表示としては、ラカントSは100gあたりの糖質量が99.8g、液状ラカントは20.7gですが、どちらも血糖値には影響がない（上昇させない）ので、この本では0gとしています。

水野先生の
やさしくわかる「糖質オフ」講座

この本の監修の水野《みずの》雅登《まさと》先生は、糖尿病などを診る内科の担当医師です。自ら糖質制限でダイエットに成功し、2016 年には糖質制限に関する予約外来を開設。糖質制限についてわかりやすく解説した講演やブログは、好評を博しています。

そんな水野先生に、「糖質オフってどういうこと？」「糖質オフに興味はあるけど、どう始めたらいいの？」という方々に向けて、糖質オフ生活の進め方をやさしく解説してもらいました。

糖尿病の治療のために考えられた食事法

「糖質オフ」や「糖質制限」は、その名の通り、糖質の摂取を控える食事法のことです。

糖質とは、簡単にいうと、炭水化物から食物繊維を除いたものです。砂糖にはもちろんのこと、米・パン・めん類などの穀類や、いも類、果物などにも含まれていますから、一般的な食事では常にたくさんの糖質を摂っていることになります。

従来、糖質は、栄養学上なくてはならないエネルギー源として扱われてきました。しかし、現代人の食生活は糖質に偏っており、糖尿病や肥満が世界的に増加していることから、糖質の摂りすぎが問題視されるようになりました。そして、10年ほど前に、糖尿病の人の治療食として「糖質制限食」が紹介されて以来、生活習慣病予防・改善に役立つ食事法として、驚くべきスピードで広まっています。

炭水化物

- 食物繊維
- 糖質
  - 多糖類（でんぷん、オリゴ糖など）
  - 糖アルコール（エリスリトール、キシリトール、ソルビトール、マルチトールなど）
  - 合成甘味料（アセスルファムカリウム、アスパルテーム、スクラロースなど）
  - 糖類
    - 単糖類（ブドウ糖、果糖など）
    - 二糖類（ショ糖、乳糖、麦芽糖など）

今や幅広く注目されている「糖質オフ」

近年、「糖質オフ」「糖質ゼロ」「糖類ゼロ」などを謳った商品は次々と新しいものが発売され、低糖質のスイーツやパンなども、コンビニやスーパーで手軽に買える時代となりました。

このように、一般の人にも「糖質オフ」が浸透した理由としては、2つ考えられます。1つは、糖質を控えると糖尿病や肥満の解消だけでなく、さまざまな健康効果が得られるとわかってきたこと。そして2つめは、糖質をきちんと控えていれば、その他の食事内容の制限はゆるやかでよく、従来の「カロリー制限」のような面倒なエネルギー量計算も必要ないこと。お酒が好きな人にとっては、糖質の低いお酒であれば飲んでOK（118ページ参照）というのも、魅力的といえるでしょう。

では、なぜ糖質を控えると健康によいのかをみていきましょう。

血糖値の上昇が糖尿病や肥満を招く

糖質を摂ると、体内で消化されてブドウ糖に変わります。そのブドウ糖は吸収され、一時的に血液中で増えるため、血糖値が上昇します。

このとき、膵臓《すいぞう》からインスリンというホルモンが分泌されます。インスリンは、ブドウ糖を全身のエネルギー源として体中の細胞に取り込ませ、血糖値を下げようとします。しかし、摂取した糖質が多すぎると、取り込めずにあふれたブドウ糖が中性脂肪に変わって脂肪細胞に蓄えられてしまい、太る原因になります。

また、肥満の人や生活習慣病の人などは、食後に血糖値がなかなか下がらない「食後高血糖」になることがあります。放っておくと常に血糖値が高い糖尿病に進行してしまうため、大変危険です。

これらを防ぐために最も有効な手段が、血糖値上昇の引き金となる糖質を制限すること、というわけです。

糖質を摂らなくても体内でエネルギー源を作り出す

糖質は、体内でエネルギーとして使われるため、必要不可欠という考え方があります。しかし、実は、食事で糖質を摂らなくても、体内で必要となるブドウ糖は、肝臓でアミノ酸や乳酸などから作り出されるのです。これを「糖新生」といい、糖新生には脂肪を燃やしたエネルギーが使われます。

また、糖質を摂らない時間が続くと、脂肪が分解されてできた「ケトン体」という物質が、さまざまな組織のエネルギーとして使われます。

糖質を控えた生活を数週間から数カ月続けると、このような糖新生とケトン体のシステムが常にメインで機能するようになり、脂肪がどんどん燃えていくことになります。

糖質中心の食事

ブドウ糖が増えて血糖値が上昇、
膵臓でインスリンが分泌
↓
ブドウ糖がエネルギー源として
使われ、血糖値が下がる
↓
余ったブドウ糖は
中性脂肪として蓄えられる
↓
太る

糖質控えめ、たんぱく質と脂質中心の食事

血糖値は一定、
体内でブドウ糖が不足
↙ ↘
アミノ酸や乳酸から
ブドウ糖を作る
↓
脂肪を
エネルギー源に

脂肪を分解して
ケトン体を作る
↓
ケトン体を
エネルギー源に
↘ ↙
やせる

おすすめの「糖質オフ」の食事法

さて、それでは私がおすすめする「糖質オフ」の食事法についてご紹介します。1食あたりの糖質量の目標値は20g程度とし、以下のようなルールで行います。

肉類、卵、魚介類、きのこ類、油（トランス脂肪酸を除く）は基本的になんでも食べてOK。それ以外の食材は、右ページの目安を参考にしてください。

糖質を控えるぶん、たんぱく質と脂質をしっかり摂るようにしましょう。糖質が少なく、たんぱく質・脂質の多いものを間食にするのもOKです。

ただし、非代償性肝硬変《かんこうへん》の人、活動性膵炎の人、長鎖脂肪酸代謝異常の人は、危険を伴うので禁忌としています。また、糖尿病や動脈硬化症、脂質異常症などですでに治療中の人も、あらかじめ医師に相談してください。

※「ケトン体が増えすぎると『ケトアシドーシス』になり、昏睡などを起こして危険である」という主張がありますが、インスリンの作用が保たれているときには、体内でケトン体が増えても問題はありません。実際、通常の食生活をしていても、睡眠中などの空腹時には体内ではエネルギー源としてケトン体が使われています。

100人いれば100通りの方法がある

「糖質オフ」は、高血糖や肥満の人にも、そうでないけれど少しやせたいという人にも、124ページのような低血糖症状やむくみなどを改善したいという人にもおすすめです。

ここで紹介したルールはあくまで目安です。その人が何を目指して糖質オフを行うかということや、嗜好やアレルギーによっても、食べ方は変えてか

糖質オフの基本ルール

1 肉・卵・チーズを中心に！

「たんぱく質」と「脂質（油）」をしっかり食べる。

2 間食OK！

糖質の少ないチーズ、ハム、ナッツ、糖質オフスイーツなど。

3 糖質を控える！

主食（穀類）はできるだけ控えるか、低糖質のものに。目標は1食の糖質20g程度。

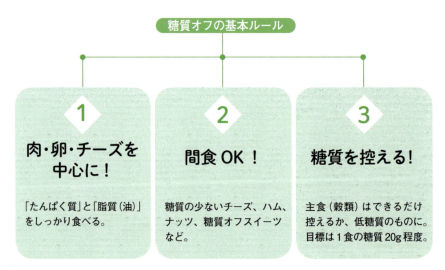

食材の選び方の目安

	糖質量が少ないもの（摂ってOK）	糖質量が多めのもの（できるだけ控える）
穀類	ブラン（小麦外皮）や大豆粉を使った低糖質パン	米類、一般的なパン、シリアル類、めん類、春雨
いも類	菊芋、こんにゃく	じゃがいも、さつまいも、さといもなど
豆類	大豆、豆腐、大豆加工品	あずき、いんげん、そら豆、きな粉
ナッツ類	くるみ、ごま、アーモンド、ピーナッツ、ピスタチオ、マカデミアナッツ	栗、カシューナッツ、ぎんなん
野菜類	キャベツ、小松菜、ほうれん草などの葉野菜、ブロッコリー、きゅうり、なす、もやし、ねぎ、大根、にんじん、きのこ類など	とうもろこし、かぼちゃ、れんこん、切り干し大根など
果物類	アボカド、少量のいちご、ブルーベリー、ラズベリー、グレープフルーツ（½個程度）、パパイヤ	みかん、キウイフルーツ、すいか、パイナップル、バナナ、ぶどう、メロン、桃、柿、りんご、ドライフルーツ
海藻類	わかめ、ひじき、のり、寒天、もずくなど	こんぶ類
肉、卵類	すべてOK	ー
魚類	右記以外はOK	ちくわ・はんぺんなどの練り物、佃煮
乳製品	チーズ、生クリーム、無糖ヨーグルト、牛乳（コップ1杯程度）	加糖ヨーグルト、低脂肪乳
調味料類	マヨネーズ、塩、こしょう、しょうゆ、酢など	ソース、みりん、白みそ、ケチャップ、バルサミコ酢など
アルコール類	焼酎・ウイスキー・ウォッカ・ジン・ブランデーなどの蒸留酒、辛口のワイン、糖質ゼロの発泡酒	日本酒、ビール、甘口のワイン
ソフトドリンク類	お茶類、コーヒー、ゼロカロリー飲料（1日に500mℓ程度）、炭酸水	野菜ジュース、果汁ジュース、炭酸飲料
甘味料	ラカントSシリーズ（10ページ参照）	人工甘味料を多く含むもの
油脂類	ラード・バター・牛脂・生クリーム・魚油など、オリーブオイルなどのオメガ9系、えごま油・亜麻仁油などのオメガ3系、ココナッツオイル・MCTオイルなどの中鎖脂肪酸	サラダ油、キャノーラ油、マーガリン、植物性クリームなど（トランス脂肪酸を含むもの）

まいません。1日1～2食だけ糖質を控えてもよいですし、まずは間食だけこの本の糖質オフスイーツに切りかえて、慣れてきたら徐々に食事の糖質も減らしていくのもひとつの方法です。

100人いれば100通りの方法があるので、おいしいものを探し、楽しみながら、自分に合った方法を模索していきましょう。

糖質を控えると得られるさまざまなメリット

糖質を控えると、次のような日常的な体調不良や慢性の病気にも効果が現れます。

(1) 食後のイライラや眠気、だるさがない

血糖値が上がりにくいため、その後の急降下によるイライラや眠気、だるさなどの低血糖症状が起こりません。

(2) むくみがとれる

インスリンは水を引き込む性質をもっているため、糖質をたくさん摂っている人は、体内から塩分と水分が出ていかずにむくみやすくなると考えられます。むくみに悩む女性は多いと思いますが、糖質を控えれば解消されるケースがよくあります。

(3) 栄養不足予防、夏バテ予防

糖を代謝する際に大量に消費されるビタミン(特にビタミンB_1) やミネラルが失われずに済むため、栄養不足から起こる不調や夏バテを予防できるといえます。

(4) 認知症予防

アルツハイマー型認知症の原因となる「アミロイドβ《ベータ》」というたんぱく質は、インスリン分解酵素によって分解されます。糖質を摂ってインスリンが慢性的に分泌されていると、酵素はインスリンの分解に追われ、アミロイドβの分解が取り残されてしまいます。

実際に、国内外の研究で、糖尿病やその予備群の人のアルツハイマー型認知症発症率が高いことがわかっています。糖尿病でインスリン治療を行っている人では約4倍も認知症になりやすいというデータもあります。

花粉症やアトピー性皮膚炎の改善効果も

まだはっきりとしたメカニズムはわかっていませんが、花粉症やアトピー性皮膚炎などのアレルギー系の病気も、糖質を控えることで改善が見込めます。

さらに、がんの予防や治療に対する効果も明らかになりつつあり、私も、ケトン体を増やしてビタミンをいっぱい摂ることでがんを抑制する「ビタミン・ケトン療法」に取り組んでいます。画像検査や採血の結果で改善がみられた症例もあり、治療をより確立させ

ていく予定です。

「糖質オフスイーツ」作りを きっかけに健康を見直そう

これまで、昼食はいつもコンビニのサンドイッチやお弁当、間食は砂糖がどっさり入ったスイーツ……といった、糖質が８割を占めるような食生活をしていた人も多いでしょう。

そうした人が糖質を控えるようになると、食後眠くならない、イライラが減る、食欲が抑えられるといった効果がすぐに現れ、人生の質全体の向上につながります。

また、糖質オフスイーツを作ったり、自分で料理する回数が増えたりすることで気づくこともあるでしょう。実際、私は糖質オフのために自炊するようになって、今まで買って食べていたものに、いかにいろんな添加物が追加されていたかということに驚きましたし、味覚も変わりました。

人間は食べたもので体ができていますから、自分の摂っている栄養に目が向けば、健康について見直すことにつながります。そのようにして、糖質オフが“人生が変わるきっかけ”になることを願っています。

もちろん、我慢のしすぎを防ぐためにも、糖質オフスイーツで息抜きしながら続けていきましょう。

糖尿病を診る医師の私が、糖質制限を始めたワケ

水野 雅登

私は、都内で、糖尿病などの内科を担当しています。今でこそ、糖質制限に関する予約外来を設けて、糖尿病の患者さんを糖質制限で治療していますが、私自身わずか３年前（2014年ごろ）までは、血液検査とCTで脂肪肝を指摘されるほど太っていました。

そんなとき糖質制限に興味を持ち、取り組んでみたところ、１年で体重は14kg減り、肝臓も正常化！ 悩みのタネだった、食後のだるさや胸焼けなどのさまざまな不調も改善されたので、今も続けています。

水野先生にきく

「糖質オフ」Q&A

Q 間食で摂る糖質量の目安を教えてください。

A 糖質が多いものを食べると、もっと食べたくなってしまうので、間食で摂る糖質量は少なければ少ないほうがよいといえます。

この本の糖質オフスイーツは、できるだけ糖質量を控えつつ、ケトン体を効率よくエネルギー源として使えるよう、ケトン比が高い（9ページ参照）ものが多くなっています。そのため、市販の「低糖質スイーツ」よりも腹持ちがよく、満足度が高いのが最大の魅力。私は外来で忙しいときなどに、この本のマフィンを昼食がわりに1～2個食べておけば夜まで持ちます（笑）。

Q 間食だけ糖質オフスイーツに置き換えても、ダイエット効果はありますか？

A 減らした糖質のぶんだけ、効果はあるといえます。ただし、過食傾向の人は、糖質オフスイーツの甘みでは満足できず、結局さらに糖質の多いお菓子などを食べたくなってしまうことがあります。

余分に糖質を摂ると、糖質オフスイーツで摂った脂質がエネルギーとして使われず、体に蓄えられて逆効果になってしまうので、気をつけましょう。

Q 肉やチーズ、卵の摂りすぎは問題ありませんか？

A 脂質やたんぱく質は体を作るのに必要な栄養素なので、しっかり摂るようにしましょう。とはいえ、動物性脂肪やたんぱく質を過剰に摂取し続けると、当然やせることは難しくなります。脂肪分の少ない赤身の肉や魚介類、大豆製品などもバランスよく食べることや、すぐにエネルギーとして燃焼されやすい中鎖脂肪酸（ココナッツオイル、MCT オイルなど）を取り入れることも大切です。

脂質の摂りすぎで中性脂肪値やコレステロール値が上昇し、動脈硬化につながることを気にする人もいるでしょう。動脈硬化の原因は、中性脂肪やコレステロール自体ではなく、酸化や糖化が招く「炎症」です。酸化は喫煙やトランス脂肪酸の摂りすぎによって、糖化は糖質の摂取によって起こります。

また、かつては、卵などのコレステロールの多い食べ物を摂りすぎてはいけないといわれていましたが、最近では、食品中のコレステロールによって、体内のコレステロール値が大きく変わることはないとわかっています。厚生労働省の「日本人の食事摂取基準」でも、2015 年の改訂時にコレステロールの摂取上限値が撤廃されました。コレステロールも細胞の膜を作る物質で、私たちの体には不可欠です。

しかし、次のような人は治療が必要なので、まずは主治医と相談しましょう。

- **動脈硬化症のある人**
- **脳梗塞や心筋梗塞のおそれのある人**
- **過去に脳梗塞、心筋梗塞、狭心症を起こしたことのある人**

Q 脳のエネルギーになるのはブドウ糖だけなので、朝は炭水化物を摂らないと頭が働かないと聞きましたが……。

A 食事から摂る糖質が不足すると、肝臓でブドウ糖やケトン体が作り出されます。それらが脳のエネルギーとしても使われるため、糖質を摂らなくても問題ありません。

また、糖質を控えることによって血糖値の変動が抑えられると、食後の眠気がなくなるので、朝食の糖質オフはおすすめです。

Q 糖質たっぷりの甘いものやごはんが大好きで、つい食べてしまいます。どうすればいいですか？

A 3日間くらいはできるだけ糖質を控えてがんばってみましょう。甘いものが食べたいときには、糖質オフスイーツで息抜きを。よく噛み、味わいながらゆっくり食べることも大切です。

また、女性の場合は、食欲が満たされない原因に鉄不足があることも多いです。鉄不足だと、体が飢餓状態と感じて栄養を取り込もうとし、食べても満腹感を得にくくなるので、鉄分の多い食事やサプリメントなどで補うようにしましょう。

Q 年末年始や付き合いの席で高糖質のものを食べ、リバウンドしてしまいました……。

A 糖質オフを続けるのは、かなりの意志力が必要ですよね。かくいう私も、実は何度も体重が上下しています（笑）。

ずっと糖質を控えていた人が高糖質のものを摂ると、そこから一気にくずれていってしまいます。踏みとどまって、糖質オフスイーツを味方に、がんばりましょう。

Q 糖質オフで効果が出たので家族や友人にもすすめたいのですが、理解が得られません。

A 周囲の人からはいろいろな反応がありますよね。私の妻も、理解はしてくれていますが、食べるものは別々です。

周囲の人に無理にすすめると、かえって反発を生むので、「すすめないのが一番のすすめ」です（笑）。すすめないでいると、逆に「急に元気になったけど、何か秘訣あるの？」とか、「最近やせてきれいになったけど、何してるの？」と聞かれるようになるでしょう。

ケトンくん

糖質オフを推進する漫画家・おちゃずけ先生が考案した、ケトン体のイメージキャラクター。ケトン体のパワーを世に広めるために活躍中です！

糖質制限に理解のある医療機関

糖質制限について医療機関で相談したいときの参考にしてください。なお、指導方針は医療機関・医師によって異なる場合があります。

＜医科＞

2017 年 8 月現在

都道府県	医療機関名	代表または担当者	住所	電話番号	備考
福島県	あさひ内科クリニック	新井 圭輔	〒 963-8024 郡山市朝日 3-2-33	024-921-2525	診療科目：内科、消化器科、放射線科、リハビリ科、眼科 予約制：なし
埼玉県	医療法人山口病院（埼玉川越）	奥平 智之	〒 350-1122 川越市脇田町 16-13	049-222-0371	精神科医・漢方医 診療科目：精神科、内科、認知症外来 予約制：あり（初診）
千葉県	宗田マタニティクリニック	宗田 哲男	〒 290-0024 市原市根田 320-7	0436-24-4103	診療科目：産婦人科、内科 予約制：あり
東京都	医療法人社団 アップル会 藤澤皮膚科	藤澤 重樹	〒 178-0063 練馬区東大泉 1-37-14　2 F	03-3925-8947	診療科目：皮膚科 予約制：なし
東京都	新宿溝口クリニック	溝口 徹	〒 160-0022 新宿区新宿 2-3-11 御苑前 311 ビル 5 F	03-3350-8988	診療科目：内科（栄養療法）、心療内科、精神科 予約制：あり
東京都	アキバ水野クリニック	水野 雅登	〒 101-0024 千代田区神田和泉町 1-6-16 ヤマトビル 602 号室	なし	診療科目：内科（自由診療のみ） 予約制：完全予約制・予約時 Web で事前支払い制
岐阜県	岐阜ハートセンター	桂川 曜子	〒 500-8384 岐阜市薮田南 4-14-4	058-277-2277	診療科目：循環器内科、心臓血管外科、内科、麻酔科、リハビリテーション科、形成外科 予約制：あり
滋賀県	おかだ小児科医院	岡田 清春	〒 520-1631 高島市今津町名小路 1-1-6	0740-22-8071	診療科目：小児科、その他（たばこを吸わない 60 歳以下の方〔糖尿病等〕） 予約制：あり
京都府	一般財団法人 高雄病院	江部 康二	〒 616-8265 京都市右京区 梅ヶ畑畑町 3	075-871-0245	診療科目：内科、漢方内科、漢方皮膚科、アレルギー科、漢方アレルギー科、リウマチ科、漢方リウマチ科、糖尿病内科、呼吸器内科 予約制:完全予約(高雄地区外の方)
兵庫県	西井クリニック	西井 真	〒 669-2122 篠山市波賀野新田 135	079-595-0221	診療科目：総合診療 予約制：あり
兵庫県	ひろい 内科クリニック	廣井 伸行	〒 663-8113 西宮市甲子園口 4-22-22	0798-63-0990	診療科目：一般内科、消化器内科、アレルギー科、自由診療（自費診療）、禁煙外来、糖質制限（自費診療） 予約制：あり

都道府県	医療機関名	代表または担当者	住所	電話番号	備考
鳥取県	メディカルストレスケア 飯塚クリニック	飯塚 浩	〒683-0001 米子市皆生温泉 2-19-32	0859-38-5600	精神科医 診療科目：心療内科、精神科、内科 予約制：あり
広島県	伊藤内科医院	伊藤 欣朗	〒730-0003 広島市中区白島九軒町 15-7	082-221-5427	診療科目：内科 予約制：あり（急患以外）
広島県	ふじかわ心療内科クリニック	藤川 徳美	〒738-0023 廿日市市下平良 1-3-36-201	0829-34-0035	診療科目：心療内科、神経科、精神科 予約制：あり
熊本県	なごみクリニック	亀川 寛大	〒861-8075 熊本市北区清水新地 6-6-12	096-321-6544	診療科目：内科、外科　(訪問診療) 予約制：あり（糖質制限）
宮崎県	くらもと医院	倉元 光明	〒880-0301 宮崎市佐土原町上田島 13-7	0985-30-5590	診療科目：内科、胃腸科、外科 予約制：あり（糖質制限）
鹿児島	鈴木内科クリニック	鈴木 功	〒899-2702 鹿児島市福山町193-1	099-278-5797	診療科目：一般内科、漢方外来 予約制：なし
沖縄県	医療法人 沖縄徳洲会 こくらクリニック	渡辺 信幸	〒900-0024 那覇市古波蔵 3-8-28	098-855-1020	診療科目：生活習慣病外来、内科、小児科 予約制：あり
沖縄県	医療法人 沖縄徳洲会 中部徳洲会病院	今西 康次	〒901-2393 中頭郡北中城村アワセ土地区画整理事業地内2街区1番	098-923-1091	診療科目：内科、ダイエット外来 予約制：あり（ダイエット外来）
沖縄県	医療法人 沖縄徳洲会 南部徳洲会病院	今西 康次	〒901-0493 島尻郡八重瀬町字外間 171-1	098-998-3221	診療科目：総合内科、小児科 予約制：なし

<歯科>

2017年8月現在

都道府県	医療機関名	代表または担当者	住所	電話番号	備考
千葉県	医療法人社団楡樹会　稲毛エルム歯科クリニック	長尾 周格	〒263-0043 千葉市稲毛区小仲台 7-2-1 マルエツ稲毛店 2F	043-255-8341	診療科目：歯科（自費治療） 予約制：あり
東京都	小幡歯科医院	小幡 宏一	〒141-0021 品川区上大崎 2-15-19 MG目黒駅前ビル1F	03-6303-6111	診療科目：歯科 予約制：あり
岐阜県	アルファデンタルクリニック	神野 剛良	〒500-8381 岐阜市市橋 6-7-17	058-273-4649	診療科目：歯科、小児歯科 予約制：あり
鳥取県	音田歯科医院	音田 貢	〒689-0713 東伯郡湯梨浜町旭 77-2	0858-32-0304	診療科目：一般歯科、口腔外科、予防歯科 予約制：あり（予約優先）
高知県	医療法人翠華会 あけぼのちょう 高橋歯科	高橋 純一	〒780-8072 高知市曙町 1-28-35	088-844-0409	診療科目：歯科 予約制：あり

おわりに

私は「糖質オフ」と出会い、人生が変わりました。

それまでの私の食生活はというと、ピザやパン、パスタ、うどん、焼き菓子などを小麦粉で手作りし、毎日のように口にしていました。そのせいか、糖質オフ開始当初は糖を断つことに苦労。がまんしないで食べられる「糖質オフスイーツ」作りに没頭していきました。以前と同じようにおいしいものを食べたいという思いが、この糖質オフスイーツを生み出し、私の糖質オフ生活を支えてくれました。

開始から７カ月が経過した頃には、体重−7kg、ウエスト−9cmとなり、長年の悩みだった花粉症や慢性便秘、冷え性、肌荒れまで改善させることができました。おまけに検査を受けていた歯科では、歯垢がグンと減ったことがわかり、虫歯予防にもよいと実感！ 次第にこの糖質オフスイーツや糖質オフ生活のよさを広めたいと思うようになりました。

全国には「糖質制限」に理解のある医療機関や、積極的に取り組むドクターが増えてきています。私もその一助となるべく、活動を広げています。

この本を通じ、糖質オフの世界を１人でも多くの人に知っていただけたら幸いです。

ともだ かずこ

プロフィール

著者

ともだ かずこ

糖質オフスイーツ・家庭料理研究家。AGE フード・コーディネーター、国際薬膳食育師３級、オーソモレキュラー・ニュートリション・エキスパート（栄養アドバイザー）。兵庫県豊岡市在住。2015年より肉・卵・チーズを中心とした糖質制限を実践するとともに、糖質オフスイーツのレシピ開発を行う。レシピを公開したフェイスブックページ「My Low Carb Recipe」やクックパッドでは、「糖質オフなのに簡単でおいしい！」と支持を集める。糖質制限クリニックで配布されている冊子『糖質オフのススメ！』へも糖質オフスイーツのレシピを提供。糖質量を抑えるだけでなく、栄養価を意識した独自のレシピは、糖質制限実践者や医療関係者の間で好評で話題となっている。2017年より糖質オフライフをサポートするためのサイト「Low Carb House Support」を開設するなど、糖質オフを広めるため活躍中。

Low Carb House Support　https://lowcarbhouse2015.wixsite.com/website

Online Shop　https://lowcarbhouse.thebase.in/

監修者

水野《みずの》 雅登《まさと》

医師、アキバ水野クリニック院長。2003 年に医師免許取得（医籍登録）、2019 年２月 13 日にアキバ水野クリニックを開設、院長となる。両親とも糖尿病家系だった自らの体の劇的な変化をきっかけに、糖質制限を中心とした治療を開始。97 単位に及ぶインスリンの自己注射を不要とするなど、２型糖尿病患者の脱インスリン率 100%という実績を打ち出す。糖質制限やインスリンを使わない治療法などの情報をブログ、Facebook、Twitter や、講演会などで精力的に発信。現在は、がんに対するビタミン・ケトン療法も実践中。著書に「薬に頼らず血糖値を下げる方法」「いま、糖質制限がすごい！ケトン体生活のススメ」共著、他。

原《はら》 小枝《さえ》

管理栄養士。上智大学外国語学部英語学科を卒業し、出版社に勤務。青年海外協力隊（栄養改善プロジェクト）に参加した後、女子栄養大学短期大学で勉強。保育園の栄養士を経て 2017 年フリーに。幼少期からの海外居住経験により英・西・仏語に通じる。現在、栄養コラム執筆やレシピ本監修などのほか、首都圏近郊の教育現場で異文化滞在経験を踏まえた講演・料理講習会など積極的に行う。

Special thanks

豊岡《とよおか》杞《き》柳《りゅう》細《ざい》工《く》

著者が住む兵庫県豊岡市の伝統工芸品「豊岡杞柳細工」が、糖質オフスイーツに彩りを添えてくれました。豊岡杞柳細工は2000年の歴史をもつ柳細工で、コリヤナギの枝を編んで作られた籠や行李は多くの人に愛されています。

＜お問い合わせ先＞
公益財団法人 玄武洞ミュージアム内
豊岡杞柳細工ミュージアム
http://genbudo-museum.jp/

STAFF

デザイン：門倉 泉
イラスト：藤島 つとむ
撮　　影：藤原 信二
ともだ かずこ
神取 知華子
編　　集：斉藤 滋人
斉木 千夏
岡村 由貴

はじめての糖質オフスイーツ

平成29年9月29日　第1刷発行
令和元年8月26日　第3刷発行

著　　者　ともだかずこ
監 修 者　水野雅登、原小枝
発 行 者　東島俊一
発 行 所　株式会社 法研
東京都中央区銀座1-10-1（〒104-8104）
電話　販売03（3562）7671
http://www.sociohealth.co.jp
編集制作　株式会社 研友企画出版
〒104-0061 東京都中央区銀座1-9-19 法研銀座ビル
電話03（5159）3724（出版企画部）
印刷・製本　研友社印刷株式会社　0102

ISBN 978-4-86513-439-1 C0077　定価はカバーに表示してあります。